この本の使い方　Bu kitap nasıl kullanılır?

①指さしながら発音する
Gerekli yerleri işaret ederek telaffuz ediniz.

②言葉を組み合わせる
Söylemek istediklerinize uygun kelimeleri seçip işaret ediniz.

話したい単語を相手に見せながら発音します。相手は文字と発音を確認できるので確実に通じます。

2つの言葉を順番に指さしながら発音することで、文章をつくることができます。わかりやすいようにゆっくり指さしましょう。

③発音は大きな声で
Yüksek sesle söyleyiniz.

④

発音せずに指さすだけでも通じるのは確かですが「話したい」という姿勢を見せるためにも発音することは重要です。繰り返し発音することで、だんだん正しい発音に近づきます。

話し相手にはトルコ語を指さしながら話してもらいます。あなたは日本語を読んで、その言葉の意味がわかります。
◎6ページの「トルコの皆さんへ」を読んでもらえば、この本の考え方が伝わり、より会話はスムーズになります。

⑤自然と言葉を覚えられる
Böylece kelimeler kendiliğinden hafızanıza yerleşir.

指さしながら、発音し、相手の発音を聞く。これをくり返すうちに、だんだん言葉を覚えていきます。トルコでの会話のコツを知りたくなったら81ページからの文章が、難しい言葉は巻末の単語集がフォローしています。

旅の指さし会話帳®
⑱
トルコ
磯部加代子・著
第3版

トルコのみなさんへ
6

第1部
「旅の指さし会話帳」本編
7

| 移 動 | あいさつ | 観光・地図 | 数字・買物 | 時 間 |

空港→宿
Havalimanından Otele
8

街歩き
Şehir Turu
22

服と色
Giysiler ve Renkler
36

市内・短距離の移動
Şehiriçi Ulaşım
10

観光地で
Turistik Yerlerde
24

時間と時刻
Zaman ve Saat
38

長距離の移動
Şehirlerarası Ulaşım
12

イスタンブル市街
İstanbul Haritası
26

月日と年月
Günler, Aylar ve Yıllar
40

あいさつ
Selamlaşma
14

トルコ全図
Türkiye Haritası
28

一年と天気
Takvim ve Hava
42

呼びかけ
Seslenme
16

数字とお金
Sayılar ve Para
30

食事全般
Yemekler
44

自己紹介
Kendini Tanıtma
18

お土産・日用品
Hediyelik ve Gündelik Eşyalar
32

前菜・スープ
Mezeler ve Çorbalar
46

トルコ人の定番Q&A
Türkler ve Japonlar Arasında Tipik Sorular ve Cevaplar
20

絨毯・アクセサリー
Halı, Kilim ve Takı
34

主菜・軽食
Kebaplar ve Atıştırmalıklar
48

2

第2部 トルコで楽しく会話するために 81

第4部 トルコ語→日本語 単語集 109

第3部 日本語→トルコ語 単語集 91

あとがき 126

食事 | 文化 | 家・人 | 病気・トラブル | その他

飲み物・デザート
İçecekler ve Tatlılar
50

家
Ev
62

からだ・病気
Vücut ve Hastalıklar
70

食材
Gıda Malzemeleri
52

家族・友達
Aile ve Arkadaşlıklar
64

病院・臓器
Hastanede ve iç organlar
72

宗教
Din
54

恋愛・結婚
Aşk ve Evlilik
66

トラブル
Problemler
74

音楽
Müzik
56

人の性格・感情
Kişinin Karakteri, Özellikleri ve Duyguları
68

生きもの
Canlılar
76

スポーツ
Spor
58

動詞、疑問詞、形容詞
Fiiller, Sorular ve Sıfatlar
78
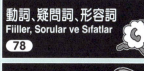

レジャー
Eğlence ve Hobi
60

第3版から
ページアイコンを掲載！
会話内容をより直観的に探しやすくなりました。

連絡先交換
Telefon ve Adres Sorma
80

移動 | あいさつ | 観光・地図 | 数字・買物 | 時間 | 食事 | 文化 | 家・人 | 病気・トラブル | その他

3

この本のしくみ

第1部：指さして使う部分です

7ページから始まる第1部「本編」は会話の状況別に37に分けられています。指をさして使うのはこの部分です。

イラストは実際の会話中に威力を発揮します

慌てている場面でもすぐに言葉が目に入る、会話の相手に興味を持ってもらう、この2つの目的でイラストが入れてあります。使いはじめるとその効果がわかります。

インデックスでページを探す

前ページにある目次は、各見開きページの右側にあるインデックスと対応しています。状況に応じて目次を開き、必要なページをインデックスから探してください。

ページからページへ

会話の関連事項が載っているページについては「→40」等の表示があります。これは「40ページにも関連フレーズを掲載しています」という意味。会話をスムーズに続けるために、ぜひ活用してください。

カタカナ読みで会話ができる

本書では、一般的なトルコ人の発音をもとに、各単語には「できるかぎり日本人でも発音しやすい」実際のトルコ語に忠実な読みガナをふっています。恥ずかしがらずに、大きな声で発音してください。繰り返すことで必ず発音が良くなります。

第2部：さらに楽しく会話するために

簡単なトルコ語の文法や、会話の基礎知識、トルコ人との付き合い方など、旅でのコミュニケーションを深めるためのページです。トルコでの会話が、さらにうまくいきます。

裏表紙を活用するために水性ペンを用意しましょう。書いた文字をふきとれば何度でもメモ書きに使えます。

第3部・第4部：頼りになる日→土、土→日各2800語の単語集

言葉がさらに必要になったら、巻末の単語集が強い味方になります。辞書形式で「日本語→トルコ語」「トルコ語→日本語」それぞれ約2800語を掲載しています。

折り曲げて持ち歩きやすいように、本書は特別な紙を選んで使っています。

この本の特長とヒント

　このシリーズは、語学の苦手な人でもぶっつけ本番で会話が楽しめるように、ありとあらゆる工夫をしています。実際に使った方からは「本当に役に立った」というハガキをたくさんいただきます。友だちができた方、食事に招かれた方、旅行中に基本的な言葉を覚えた方……そんな方がたくさんいます。

　その土地の言葉で話そうとする人は歓迎されるもの。そして会話がはずめば、次々とおもしろい体験が押し寄せてきます。現地の人しか知らない「とっておきのおいしい店」や「最近の流行スポット」を教えてもらったり、そのときしか見られない催しに連れて行ってもらったり……、こういった体験は、おきまりの場所をたどる旅行より数十倍、数百倍おもしろいものです。

　では、どうすれば本書をそんなふうに使えるのか、そのコツを紹介します。

相手をおもしろがらせる

　本書は、実際の会話の場面で話し相手に興味を持ってもらうための工夫がいたるところにされています。旅行中に便利な言葉はもちろん、トルコの人に"ウケる"ことも考えてつくられています。随所にちりばめられたイラストは相手の興味をひくきっかけになります。本書を持っているだけで、会話のきっかけが生まれるのです。

語学が苦手でもどんどん話せる

　「単語の暗記や文法が苦手だから、外国語はちょっと…」本書はそんな方にこそおすすめ。現地に着いたその瞬間から、トルコ語を使い、確実に通じさせることができます。会話でいちばん大切なのはハート。それに本書をプラスすれば、自己紹介やお互いの家族の話など、ディープな会話までできるようになります。

言葉はひとつひとつ選りすぐり

　本書で紹介する単語は、あらゆる旅行シーンを想定し、厳選に厳選を重ねたもの。どれも使い勝手のよい、生きた言葉です。

　ぜひ旅行の前に本書を眺めて、どのページにどんな表現が載っているのかを把握してみてください。いざ会話をしたいときに、スムーズに話すことができます。

得意の言葉をつくる

　本書では、さまざまなシーン別に言葉が収録されています。そのなかから興味のあるジャンルを探し、話してみたい話題、好きな言葉を見つけてみましょう。実際に声に出して発音練習をしていくうちに、発音だけで通じる得意な言葉が生まれてきます。通じる楽しさ、語彙が増える楽しさを、ぜひ実感してください。

Türkiye'deki arkadaşlarımıza

Merhaba! Siz belki Japonca ya da İngilizce biliyor olabilirsiniz. Fakat bu kitabın sahibi olan Japon turist sizinle Türkçe konuşmaya kararlı. Öyle olmasa neden bu kitabı alsın değil mi? Bu kitap, kelime ve resimleri parmak ile göstererek hiç Türkçe bilmeyen Japonların sizinle konuşabilmesi için hazırlandı. Japonlar biraz çekingen olabilirler ama sizinle kesinlikle konuşmak istediklerinden şüpheniz olmasın. Japonlar, Türklerin düşündüğü gibi, çalışkan olabilirler ama dahi değiller. Türkçe'yi anlayabilmeleri için bu kitaba ihtiyaçları var!
Türklerin yardım sever insanlar olduğunu çok iyi bildiğim için aslında böyle bir yazıya gerek olmadığını biliyorum, ama yine de bu kitabın yazarı olarak ben sizden bu kitabın sahibine yardımcı olmanızı rica ediyor ve onunla ileride paylaşmak üzere güzel anılar yaratmanızı umuyorum.

Yazar Kayoko İSOBE (Türkçe ismi Melek)

トルコの皆さんへ

こんにちは！　もしかすると、あなたは日本語、もしくは英語に堪能かもしれません。でも、この本を手にしている日本人は、あなたとトルコ語で話す気満々です。そうでなければ、こんな本は必要ないわけですからね。本書は、トルコ語を知らない日本人たちとあなたたちが、単語やイラストを指さすことで会話できるようにと書かれたものです。日本人は少し恥ずかしがり屋なところがありますが、あなたと話をしたいという固い意志を持っているということに疑いの余地はありません。また、トルコ人が信じているように日本人は「働き者」かもしれませんが、天才というわけではありません。トルコ語を理解するためにはこの本に頼る必要があるのです。

トルコ人たちが親切なことは私には十分わかっています。だから、こんなことを書く必要すらないこともわかっています。それでもこの本の著者として、この本を手にした日本人たちの手助けをしてくださいと、お願いします。それから、よい思い出を共有できるといいな、とも願っています。

著者　磯部加代子（トルコ名：メレッキ）

第1部
「旅の指さし会話帳」本編
Japonca-Türkçe resimli konuşma rehberi

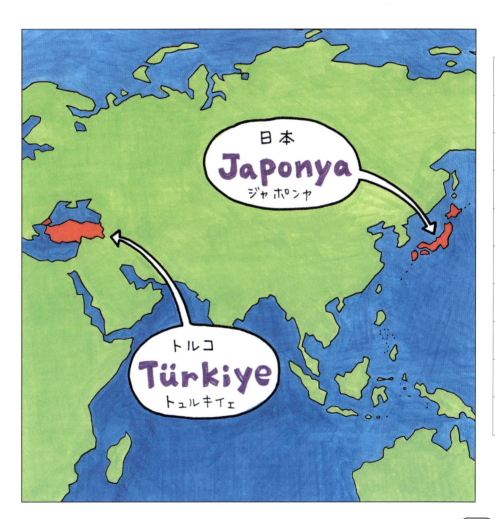

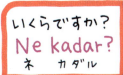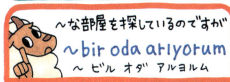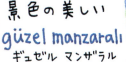

市内・短距離の移動 Şehiriçi Ulaşım
シェヒルイチ　ウラシュム

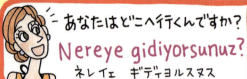

あなたはどこへ行くんですか？
Nereye gidiyorsunuz?
ネレイェ　ギディヨルスヌス

〜に行きます
〜(y)e gidiyorum
〜イェ　ギディヨルム

□(乗り物)で行けます
□ ile gidilir
□　イレ　ギディリル

□で〜(目的地)に行けますか？
□ ile 〜(y)e gidilir mi ?
□　イレ　〜　イェ　ギディリル　ミ

バス
Otobüs ＊
オトビュス

この□は〜を通りますか？
Bu □ 〜den geçer mi?
ブ　□　〜　デン　ゲチェル　ミ

市営バス **Belediye Otobüsü**
ベレディエ　オトビュス

〜に着いたら教えてもらえますか？
〜(y)e varınca söyler misiniz?
〜　イェ　ヴァルンジャ　ソイレル　ミスィニス

民営バス ＊＊ **Özel Halk Otobüsü**
オゼル　ハルク　オトビュス

〜に行く□はどこから出てるんですか？
〜(y)e giden □ nereden kalkıyor?
〜　イェ　ギデン　□　ネレデン　カルクヨル

乗合バス
Dolmuş
ドルムシュ

満席になると出発するシステム。好きな所で乗り降りができる。乗りこなせれば、快適＆便利。

〜までいくらですか？
〜(y)e ne kadar?
〜　イェ　ネ　カダル

満席にならなくても出発時間に出発することになっているが、実態は乗合バスと同じ……。

ミニバス
Minibüs
ミニビュス

止めやすい場所で止めてください
Müsait bir yerde
ミュサーイットゥ　ビ　イェルデ

ここで降ります
İnecek var
イネジェック　ヴァル

(前に座っている人にお金を差し出して)
渡してくれますか？
Uzatır mısınız?
ウザトゥル　ムスヌス

＊ 大都市では通常、市営の路線バスが走っており、イスタンブル以外なら路線も単純なので利用しやすい。 ＊＊ 走っている路線はほぼ同じ。違うのは、民営バスだと現金払いができるという点。市営バスのほうは、チケットもしくはイスタンブルカードしか使えない。

市内・短距離の移動

~が欲しいです
~istiyorum
~ イスティヨルム

チケット
bilet
ビレットゥ

イスタンブルカード *
istanbulkart
イスタンブル カルトゥ

チケット あります
BİLET BULUNUR
ビレットゥ ブルヌル

市内電車
Banliyö tren
バンリヨ トゥレン

一番近い駅はどこですか？
En yakın istasyon nerede?
エン ヤクン イスタスィヨン ネレデ

ホーム
peron
ペロン

いつ出発しますか？
Ne zaman kalkacak?
ネ ザマン カルカジャック

時刻表 **
hareket saatleri
ハレーケットゥ サァーットゥレリ

タクシー
Taksi
タクスィ

タクシーを呼んでください
Taksi çağırır mısınız?
タクスィ チャールル ムスヌス

配車アプリ
Uber
ウベル

~まで行ってください
~(y)e kadar gider misiniz?
~イェ カダル ギデル ミスィニス

（降りるとき）おつりは結構です
Üstü kalsın
ウストゥ カルスン

フェリー
Vapur
ヴァプル

船乗り場
iskele
イスケレ

停留所	駅
durak ドゥラック	**istasyon** イスタスィヨン

ボスポラスツアー
Boğaz turu
ボアズ トゥル

出発	到着
kalkış カルクシュ	**varış** ヴァルシュ

メトロ **Metro** メトゥロ	マルマライ ** **Marmaray** * マルマライ

始発	最終
ilk（乗り物名）イルキ（ ）	**son**（乗り物名）ソン（ ）

改札	信号
gişe ギシェ	**ışık** ウシュック

路面電車 **Tramvay** トラムヴァイ	世界一短い地下鉄 **Tünel** ** トゥネル **

渋滞	馬車 ***
trafik トゥラフィッキ	**fayton** ファイトン

移動 あいさつ 観光・地図 数字・買物 時間 食事 文化 家・人 病・トラブル その他

* イスタンブル周遊に便利な交通系カード。バスや地下鉄の乗り場付近、売店などで旅行者でも買える。 ** 期待しないこと。 *** アジアとヨーロッパを隔てるボスポラス海峡を地下鉄道トンネルで結んでいる。 ** イスタンブル新市街に「世界一短い」地下鉄がある。なかなかノスタルジック。 *** イスタンブルからフェリーで行ける小さな島々の移動手段は馬車のみ。

長距離の移動 Şehirlerarası Ulaşım
シェヒルレルアラス　ウラシュム

移動 / Şehirlerarası Ulaşım

□のチケットはどこで買えますか？
□ bileti nereden alabilirim?
□ ビレティ　ネレデン　アラビリリム

～まで□人 **～(y)e kadar □ kişi** ～ イェ カダル □ キシ	片道 **tek yön** テキ ヨン ⬆	往復 **gidiş dönüş** ギディシュ ドヌシュ ⬇⬆
出発 **kalkış** カルクシュ 	到着 **varış** ヴァルシュ	予約 **rezervasyon** レゼルヴァスィヨン	キャンセル **iptal** イプタル

飛行機 **Uçak** ウチャック

その飛行機はここから～までの直行便ですか？
O uçak buradan ～(y)e kadar direkt gider mi?
オ ウチャック ブラダン ～ イェ カダル ディレッキ ギデル ミ

トルコ航空 **Türk Hava Yolları (THY)** トゥルク ハヴァ ヨッラル	ペガサス航空 **PEGASUS AIRLINES** ペガサス	サンエクスプレス **SunExpress** サンエクス プレス
直行便 **direkt uçak seferi** ディレッキ ウチャック セフェリ	乗り換え **aktarma** アクタルマ	搭乗券 **biniş kartı** ビニシュ カルトゥ	キャビンアテンダント **hostes** ホステス 

電車* **Tren** ティレン

窓側 **pencere kenarı** ペンジェレ ケナル	通路側 **koridor tarafı** コリドル タラフ	遅延 **gecikme** ゲジクメ	運休 **iptal** イプタル
一等席 **birinci mevki** ビリンジ メヴキ	二等席 **ikinci mevki** イキンジ メヴキ	夜行列車 **gece treni** ゲジェ ティレニ	寝台車 **yataklı vagon** ヤタックル ワゴン

＊トルコ国有鉄道 TCDD(Türkiye Cumhuriyeti Devlet Demiryolları) を使ってギリシャやイラン、イラク、シリアへも行ける。ただし、バスのほうが数倍快適。

長距離の移動

バス **Otobüs** オトビュス	長距離バスターミナル **Otogar / Terminal** オトガル／テルミナル	バス会社 **otobüs şirketi** オトビュス シルケティ
荷物預り所 **emanet** エマーネット	休憩 **mola** モラ ＊	コロンヤ **kolonya** コロンヤ	サービスエリア **mola yeri** モラ イェリ

荷物をここに預けてもいいですか？
Çantamı buraya bırakabilir miyim?
チャンタム ブラヤ ブラカビリル ミイム

どちらまで？
Nereye kadar gidiyorsunuz?
ネレイェ カダル ギディヨルスヌス

〜まで
〜 (y)e
〜 イェ

お国がそちらなんですか？
Memleketiniz orası mı?
メムレケティニズ オラス ム

私も！
Ben de!
ベン デ

〜に着いたら私に教えてくれませんか？
〜(y)e varınca bana söyler misiniz?
〜 イェ ヴァルンジャ バナ ソイレル ミスィニズ

（まで）あとどのくらいかかりますか？
〜kadar daha ne kadar var?
〜 カダル ダハ ネ カダル ヴァル

（サービスエリアで）ここにどのくらい停車しますか？
Burada ne kadar duracağız?
ブラダ ネ カダル ドゥラジャーズ

最後の停留所まで
Son durağa
ソン ドゥラーア

次の駅/停留所まで
bir sonraki durağa
ビッ ソンラキ ドゥラーア

□時間
□ **saat**
□ サァーットゥ

□分 →㉚ ㊳
□ **dakika**
□ ダキーカ

街の中心へはどうやって行くの？ ＊＊
Şehir merkezine nasıl gidilir?
シェヒル メルケズィネ ナスル ギディリル

＊15分程度のトイレ休憩の場合と30分程度の食事休憩がある。よく確認しよう。＊＊以前は、各バス会社が街の中心までの無料サービスバスを運行していたが中止されたようだ。空港や長距離バスターミナルは街の外れにあるので、中心地への行き方は事前に調べておこう。

移動　あいさつ　観光・地図　数字・買物　時間　食事　文化　家・人　病気・トラブル　その他

13

あいさつ Selamlaşma
セラムラシュマ

こんにちは！ **Merhaba!** メルハバ	(日中) こんにちは **İyi günler** イー ギュンレル	★「さようなら」の意味もある★
おはよう **Günaydın** ギュナイドゥン	(夕方) こんばんは **İyi akşamlar** イー アクシャムラル	(夜) こんばんは／おやすみなさい **İyi geceler** イー ゲジェレル

お元気ですか？（丁寧な言い方） **Nasılsınız?** ナスルスヌズ	ありがとう、元気です **Teşekkür ederim, iyiyim.** テシェッキュル エデリム イーイム	
元気〜？（くだけた言い方） **Ne haber? (N'aber?)** ネ ハベル（ナーベル）	とっても元気です **Çok iyiyim** チョク イーイム	ま、なんとか **İdare eder** イダーレ エデル
調子はどう？ **Ne var ne yok?** ネ ヴァル ネ ヨク	（今はそれほど良くない時に）調子を出そうとしているところ **İyi olmaya çalışıyorum.** イー オルマヤ チャルシュヨルム	

ようこそ！ **Hoşgeldiniz!** ホシュゲルディニズ	返事 → おじゃまします！ **Hoşbulduk!** ホシュブルドゥク	久しぶり〜！ **Uzun zamandır görüşemedik!** ウズン ザマンドゥル ギョルシェメディック
お会いできて光栄です **Tanıştığımıza memnun oldum.** タヌシュトゥームザ メムヌン オルドゥム	返事 → 私こと光栄です **Ben de memnun oldum.** ベン デ メムヌン オルドゥム	
あなたに神の平安あれ＊ **Selamün aleyküm** セラームン アレイクム	返事 → あなたにも神の平安あれ **Aleyküm selam.** アレイクムッ セラーム	

＊「アッラー」が含まれた語を好んで使う人は、熱心なムスリムの傾向がある。

あいさつ

ありがとう *
Teşekkür ederim
テシェッキュル エデリム

どちらも丁寧な言い方。覚えやすいほうを使ってみて

ありがとう **
Sağolun
サーオルン

どういたしまして
Rica ederim
リジャー エデリム

何てことはありません
Birşey değil
ビシェイ デェイル

ごめんなさい（悪く思わないで）
Kusura bakmayın
クスラ バクマユン

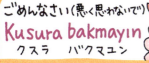

大したことじゃない
Önemli değil
オネムリ デェイル

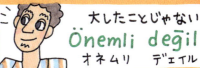

ごめんなさい（許してください）
Özür dilerim
オズュル ディレリム

べつに、いいよ…
Olsun.
オルスン

（くしゃみした人に）
長生きして！
Çok yaşa !
チョク ヤシャ

→

あなたも
Sen de gör
セン デ ギョル

一緒にね
Hep beraber
ヘップ ベラーベル

そろそろおいとまします
Yavaş yavaş kalkmak istiyorum.
ヤワシュ ヤワシュ カルクマック イスティヨルム

またね〜！
Görüşürüz !
ギョルシュルズ

（見送る側）さようなら
Güle güle ***
ギュレ ギュレ

元気でね！
Hoşçakal !
ホシュチャカル

よい旅を！
İyi yolculuklar !
イー ヨルジュルックラル

気をつけてね！
Kendine iyi bak !
ケンディネ イー バク

道中ご無事で！
Yolunuz açık olsun !
ヨルヌズ アチュック オルスン

〜によろしくお伝えください
〜(y)e selam söyleyin.
〜 イェ セラーム ソイレイン

幸運を！
Bol şans !
ボル シャンス

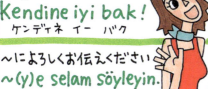

*この他に Çok mersi（チョク メルスィ）という不思議な表現もある。**Teşekkür ederim よりも言いやすいので初心者にはおすすめ。両方組み合わせて使ってもOK。***去る人が言う「さようなら」として、Allaha ısmarladık（アッラハ ウスマルラドゥック）が各種トルコ語関係の書物に紹介されているが、これも「アッラー」が含まれる語であり、あまり一般的とは言えない。

15

呼びかけ Seslenme
セスレンメ

すいません（声をかける）
Affedersiniz? *
アッフェデルスィニス

ちょっと おたずねしたいのですが
Birşey sorabilir miyim?
ビシェイ ソラビリル ミイム

すいません（声をかける）
Bakar mısınız? **
バカル ムスヌス

手伝ってもらえませんか？
Yardımcı olur musunuz?
ヤルドゥムジュ オルル ムスヌス

もちろん
Tabii
タビィ

どうぞ
Buyrun
ブユルン

何でしょう？
Efendim?
エフェンディム

（男性に）〜さん
〜 Bey
〜 ベイ

（女性に）〜さん
〜 Hanım
〜 ハヌム

（男性に）ミスター
Beyefendi
ベイエフェンディ

（女性に）レディー
Hanımefendi
ハヌメフェンディ
（ハムフェンディ）

親しみをこめた表現 ***

おじさん
Amca
アムジャ

年代問わず使う
おばさん
Teyze
テイゼ

お兄さん
Abi
アービィ

お姉さん
Abla
アブラ

マイハート（男→女／女→男）
Canım benim
ジャヌム ベニム

若者
Oğlum
オールム

年配の人が使う
娘さん
Kızım
クズム

私の美しい人（女→女／男→女）
Güzelim
ギュゼリム

ここで写真を撮ってもいいですか？
Burada fotoğraf çekebilir miyim?
ブラダ フォトーラフ チェケビリル ミイム

一緒に写真を撮りましょう！
Beraber fotoğraf çekilelim!
ベラーベル フォトーラフ チェキレリム

撮った写真を送ってもらえますか？
Çektiğiniz fotoğrafları bana gönderebilir misiniz?
チュクティーンズ フォトーラフラル バナ ギョンデレビリル ミスィミス

何かしている人にかける言葉

（働いている人に）精が出ますね
Kolay gelsin
コライ ゲルスィン

（病気の人に）お大事に
Geçmiş olsun
ゲチュミシュ オルスン

（風呂あがりの人に）達者で
Sıhhatler olsun
スハットレル オルスン

* もともとは「お許しください」という意味。相手との距離感がある場合、例えば路上などで声をかける時に。 ** 「見てください」という意味。相手との距離感がより近い時、例えば客が店員に声をかける場合に。 *** おじさん、おばさん、お兄さん、お姉さんなどは、その前に名前をつけて、○○ abla（○○姉さん）というように使うことができ、年長者に対する堅苦しくない敬称になる。

16

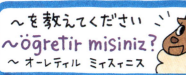

自己紹介 Kendini Tanıtma

お名前は？ **Adınız ne?**	私の名前は□です **Adım □**

ファーストネーム（名）* **Ad**	ファミリーネーム（名字） **Soyad**	名前　** **İsim**

私は□人です **Ben □(y)im**	日本人 **Japon**	韓国人 **Koreli**	中国人 **Çinli**

トルコ人 **Türk**	クルド人 **Kürt**	ザザ人 **Zaza**	ラズ人 **Laz**	チェルケズ人 **Çerkez**

ギリシア人 **Rum**	アルメニア人 **Ermeni**	移民 **Göçmen**	出身（国・地域）はどちら？ **Nerelisiniz?**

どこに住んでいますか？ **Nerede oturuyorsunuz?**	□に住んでいます **□'de oturuyorum**

外国に **Yurtdışında**	日本に **Japonya'da**	日本の〜から来ました **Japonya'nın 〜 şehrinden geldim.**

トルコへは何をしに来たのですか？
Ne için Türkiye'ye geldiniz?

旅行に **Gezmeye**	仕事で **İş için**	勉強に **Okumaya**

*トルコは完全なファーストネーム社会。相手が社長でもファーストネームにさん付けが普通。**アラビア語起源の単語。"Ad"と同じように使えるが、外来語であるため人称語尾がついて「私の名前」などと使うとき、不規則に変化する。

自己紹介

お仕事は何ですか？ Ne iş yapıyorsunuz? ネ イシュ ヤプヨルスヌズ	ご職業は何ですか？ * Mesleğiniz ne? メスレーイニズ ネ

学生 Öğrenci オーレンジ	教師 Öğretmen オーレトゥメン	役人 Memur メームル	会社員 Şirket elemanı シルケット エレマヌ
技師 Mühendis ミュヘンディス	会計士 Muhasebeci ムハセベジ	観光関係 Turizmci トゥリズムジ	自営業 Serbest mesleği セルベスト メスレーイ
羊飼い Çoban チョバン	農民 Çiftçi チフッチ	主婦 Ev hanımı エヴ ハヌム	芸術家 Sanatçı サナッチュ
秘書 Sekreter セクレテル	年金生活者 Emekli エメクリ	兵隊 ** Asker アスケル	無職 *** İşsiz イシュスィズ

働いてません Çalışmıyorum. チャルシュムヨルム	仕事探してます İş arıyorum イシュ アルヨルム	関係ないでしょっ Sizi ilgilendirmez. スィズィ イルギレンディルメズ

何歳ですか？ Kaç yaşındasınız? カチ ヤシュンダスヌズ	□歳です □ yaşındayım □ ヤシュンダユム
マジで！？ 全然見えませんよ～!! Hadi ya !? Hiç göstermiyorsunuz!! ハディ ヤ ヒッチ ギョステルミヨルスヌズ	何歳に見えますか？ Kaç yaşında gösteriyorum? カチ ヤシュンダ ギョステリヨルム

結婚してますか？ Evli misiniz? エヴリ ミスィニス	既婚者 evli ** エヴリ	独身 bekar ベキャール	います var ヴァル
	婚約者が Nişanlım ニシャンルム	子供が□人 çocuğum チョジューム	
	ボーイフレンドが Erkek arkadaşım エルケッキ アルカダシュム	ガールフレンドが kız arkadaşım クズ アルカダシュム	いません yok ヨク

* 今現在、その仕事についていなくても、元来の職業はなんですか？という意味で。　** 健康なトルコ国籍の男子は皆15ヶ月の兵役につくのが義務。兵役を拒否すると国籍が剥奪される。　*** トルコの失業率は常に政府発表の数字の数倍はあると言われている。　**** 「既婚者」と「独身」には、「います var」「いません yok」はつかない。

19

トルコ人の定番 Q&A

Türkler ve Japonlar Arasında Tipik Sorular ve Cevaplar
トゥルクレル ヴェ ジャポンラル アラスンダ ティピッキ ソルラル ヴェ ジェヴァップラル

トルコはどうですか？
Türkiye'yi nasıl buldunuz?
トゥルキイェイ ナスル ブルドゥヌズ

とても気に入りました！
Çok sevdim!
チョク セヴディム

日本とトルコどっちがいいですか？
Japonya mı daha güzel? Türkiye mi?
ジャポンヤ ム ダハ ギュゼル トゥルキイェ ミ

まあまあです
Şöyle böyle
ショイレ ビョイレ

トルコ料理は気に入りましたか？
Türk yemeklerini sevdiniz mi?
トゥルク イェメキレリニ セヴディニズ ミ

なんて答えたらいいか！…
Ne desem…
ネ デセム

どうして我が家に泊まらないんですか？
Neden bizde kalmıyorsunuz!?
ネデン ビズデ カルムヨルスヌズ

トルコは□だと思いますか？
Sizce Türkiye □ da mı?
スィズジェ トゥルキイェ □ ダ ム

日本人って働き者ですよね！
Japonlar çok çalışkan insanlar, değil mi?
ジャポンラル チョク チャルシュカン インサンラル デェイル ミ

アジア	ヨーロッパ
Asya	**Avrupa**
アスヤ	アウルパ

私は日本人が大好きです！
Ben Japonları çok seviyorum!
ベン ジャポンラル チョク セヴィヨルム

中東
Orta Doğu
オルタ ドウ

トルコのEU加盟に賛成ですか？ ＊
Türkiye AB'ye girsin mi?
トゥルキイェ アーベーイェ ギルスィン ミ

賛成	反対
Katılıyorum	**Karşıyım**
カトゥルヨルム	カルシュユム

今まで考えてみたこともないです
Şimdiye kadar hiç düşünmedim.
シムディイェ カダル ヒッチ ドゥシュンメディム

～はどれくらい？
～ kaç ？＊＊
～ カチ

わかりません
Bilmiyorum
ビルミヨルム

人口	家賃	給料
nüfus	**ev kirası**	**maaş**
ヌフス	エヴ キラース	マーシュ

＊ トルコは中東唯一の NATO 加盟国。EU 加盟は長年の悲願だが、1974年のキプロス派兵、度重なる軍事クーデター、少数民族に対する人権問題などが障壁となり、未だ加盟への道は見えていない。2002年に「EU 適応化法案」が作られたが、トルコが民主主義国家として生まれかわるための根本的な法案とはなっていない。 ＊＊ "Ne kadar" を使ってもOK。

私は〜に興味があります 〜(y)e ilgim var 〜(イ)ェ イルギム ヴァル	科学技術 teknoloji テクノロジ	経済 ekonomi エコノミ
映画 film フィリム	アニメ Çizgi film チズギ フィリム	相撲 Sumo スモー	着物 kimono キモノ
空手 karate カラテ	地震 deprem デプレム	文学 edebiyat エデビヤーット	歴史 tarih ターリヒ

トルコ人の定番Q&A

日本語 🇯🇵 Japonca ジャポンジャ	でも、日本語って難しい!! Ama Japonca çok zor!! アマ ジャポンジャ チョク ゾル	ひらがな hiragana ヒラガナ
いくつ漢字を知っていますか? Kaç tane kanji biliyorsunuz? カチ ターネ カンジ ビリヨルスヌズ	カタカナ katakana カタカナ	漢字 kanji カンジ

あいさつ / 観光・地図 / 数字・買物 / 時間 / 食事 / 文化 / 家・人 / 病気・トラブル / その他

スマホ akıllı telefon アクッル テレフォン	LINEを入れれば私とつながれますよ LINE indirirseniz ライン インディリルセニス bağlantı kurabiliriz. バーラントゥ クラビリリス *
日本に〜はありますか? Japonya'da 〜 var mı? ジャポンヤダ 〜 ヴァル ム	

侍 Samurai サムライ	芸者 Geişa ゲイシャ	ある var ヴァル	ない yok ヨク 
切腹 Harakiri ハラキリ	兵役 askerlik アスケルリッキ	バカなこと言わないで! Saçmalama! サチマラマ	

＊トルコではWhatsAppというメッセージアプリがよく使われている。

街歩き Şehir Turu
シェヒル トゥル

〜はどこですか？
〜 nerede?
〜 ネレデ

道に迷いました
Yolumu kaybettim
ヨルム カイベッティム

郵便局  **postahane (PTT)** ポスターネ（ペーテーテー）	銀行 **banka** バンカ	両替屋 * **döviz bürosu** ドヴィス ビュロス	薬局 (72) **eczane** エジザーネ
 ロカンタ **lokanta** ロカンタ →46	レストラン **restoran** レストラン	カフェ **kafe** カフェ	居酒屋 **meyhane** メイハーネ
博物館 **müze** ミュゼ	モスク **cami** ジャーミ	映画館 **sinema** スィネマ	ショッピングセンター **alışveriş merkezi** アルシュヴェリシュ メルケズィ
商店街 **çarşı** チャルシュ	日用品店 **bakkal** バッカル	青空市場 **pazar** パザル	公園 **park** パルク

〜にはどうやって行けますか？
〜(y)e nasıl gidilir?
〜 イェ ナスル ギディリル

歩いて **yürüyerek** ユルイェレッキ	車で **arabayla** アラバイラ

私が案内しましょう **
Ben götüreyim sizi.
ベン ギョトゥレイン スィズィ

ここから
Buradan
ブラダン

ありがとう、助かります
Sağolun, çok iyi olur.
サーオルン チョク イイ オルル

とても **çok** チョク	近い **yakın** ヤクン
少し **biraz** ビラズ	遠い **uzak** ウザック

残念ながら、知りません
Maalesef bilmiyorum
マーレセフ ビルミヨルム

ありがとう、でも1人で行けます
Sağolun, tek başıma gidebilirim
サーオルン テク バシュマ ギデビリリム

＊ 銀行よりはるかにスムーズ。イスタンブルやアンカラなら日本円の両替も問題ない。＊＊ こう言う人にたくさん出会うだろう。まれに下心がある人もいるが、大抵のトルコ人にとっては「常識的行動」。

22

観光地で

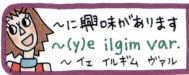

～に興味があります	歴史	芸術作品	遺跡
~(y)e ilgim var.	tarih	sanat eseri	kalıntı
～イェ イルギム ヴァル	ターリヒ	サナットゥ エセリ	カルントゥ

モスク	礼拝	礼拝の呼びかけ*	イスラムの導師**
Cami	namaz	ezan	imam
ジャーミ	ナマズ	エザン	イマム
→54			

- タイル / çini / チニ
- メッカの方向を示すくぼみ / mihrab / ミフラーブ
- 塔 / minare / ミナーレ
- 1日5回の礼拝
  - Sabah namazı / サバフ ナマズ
  - öğle namazı / オーレ ナマズ
  - ikindi namazı / イキンディ ナマズ
  - akşam namazı / アクシャム ナマズ
  - yatsı namazı / ヤトゥス ナマズ
- 礼拝用じゅうたん / halı seccade / ハル セッジャーデ
- imamの説教壇 / minber / ミンベル

断食***	断食する	断食前に食べる食事	断食後に食べる食事
oruç	oruç tutmak	sahur	iftar yemeği
オルチュ	オルチュ トゥトマック	サフル	イフタル イェメーイ

ここはいつ建てられたのですか？	何時代のものですか？
Burası ne zaman yapıldı?	Hangi döneme ait?
ブラス ネ ザマン ヤプルドゥ	ハンギ ドネメ アーイトゥ

～時代	～帝国	ヒッタイト	古代ギリシア
～ Dönemi	～ imparatorluğu	Hitit	Helenik
～ ドネミ	～ インパラトルルーウ	ヒティットゥ	ヘレニック

西ローマ	東ローマ	ビザンティン	セルジューク朝	オスマン朝
Batı Roma	Doğu Roma	Bizans	Selçuklu	Osmanlı
バトゥ ロマ	ドーウ ロマ	ビザンス	セルチュクル	オスマンル

＊「コーランの章句」と勘違いされるが、「礼拝の時間だよ～」というお知らせのこと。＊＊イスラームには聖職者はおらず、キリスト教の聖職者とは立場が異なる。＊＊＊イスラム暦第9月のラマザン月に日中断食をするが、日没後いつもより豪華な食事を食べる。宗教的ながら、食事に招待しあう楽しげな雰囲気が共存する1ヵ月となる。

イスタンブル市街 İstanbul Haritası
イスタンブル　ハリタス

移動｜あいさつ｜観光・地図

İstanbul Haritası

ヨーロッパサイド(旧市街)
Avrupa Yakası
アウルパ　ヤカス

ヨーロッパサイド(新市街)
Avrupa Yakası
アウルパ　ヤカス

Kasımpaşa
カスムパシャ

アンカラ–イスタンブル幹線道路
Ankara-İstanbul Çevre Yolu
アンカラ　イスタンブル　チェブレ　ヨル

Eyüp
エユップ

金角湾
Haliç
ハリチ

テオドシウスの城壁
Surlar
スルラル

Topkapı
トプカプ

カーリエ博物館
Kariye Camii
カーリイェ　ジャーミィ

Fener
フェネル

スレイマニエジャーミィ
Süleymaniye Camii
スレイマニーイェ　ジャーミィ

ファァズィ・パシャ通り
Fevzi Paşa Caddesi
フェヴズィ　パシャ　ジャッデスィ

ワタン通り(アドゥナン・メンデレス通り)
Vatan Caddesi(Adnan Menderes Caddesi)
ヴァタン　ジャッデスィ(アドゥナン　メンデレス)

ヴァレンス水道橋
Bozdoğan Kemeri
ボズドアン　ケメリ

アタテュルク通り
Atatürk Bulvarı
アタテュルク　ブルヴァルゥ

ラギップ・ギュムシュパシャ通り
Ragıp Gümüşpaşa Cad.
ラギップ　ギュムシュパシャ　ジャッデスィ

Fatih
ファーティ

ユースフパシャ駅
Yusuf Paşa Durağı
ユスフ　パシャ　ドゥラーウ

オルドゥ通りOrdu Cad.
オルドゥ　ジャッデスィ

イスタンブル大学
İstanbul Üniversitesi
イスタンブル　ウニヴェルスィテスィ

Aksaray
アクサライ

グランドバザール
Kapalı Çarşı
カパルゥ　チャルシュ

マルマラ海
Marmara Denizi
マルマラ　デニズィ

~はどこの地区にありますか？
~ hangi semtte?
~　ハンギ　セムッテ

あなたの家
eviniz
エヴィニズ

あなたの職場
işyeriniz
イシュイェリニズ

(26) ＊イスタンブルの交通はちょっと複雑。目的地に行くために、複数の交通機関を駆使しなければならないのが常。地下鉄や路面電車、フェリーは利用しやすいですが、路線バスやミニバス・乗り合いバスは発着所なども分かりづらく、イスタンブルっ子でもまよううほど。

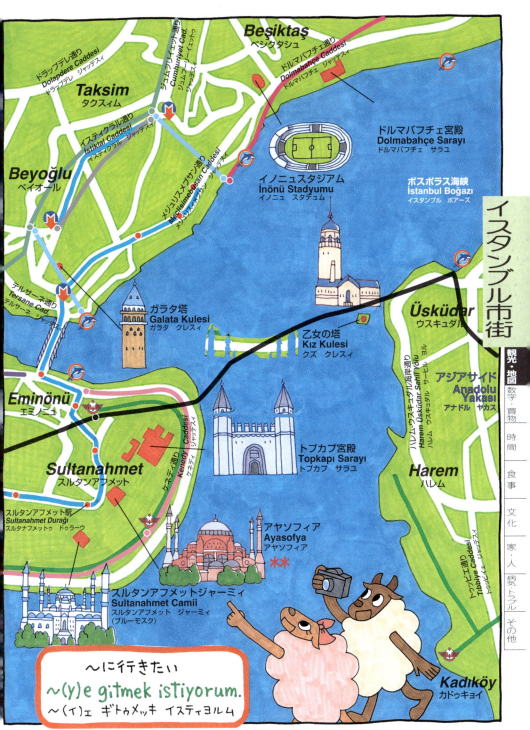

*紙の質がとても悪いため、とんでもなくボロボロの紙幣をつかまされることも。自動販売機が普及していないので、あまり困ることはないが、なんとなく嬉しくない。 **以下、母音調和（第2部参照）にしたがって、-inci, -ıncı, -uncu, -üncü と続く。

お土産・日用品　Hediyelik ve Gündelik Eşyalar
ヘディイェリッキ　ヴェ　ギュンデリッキ　エシュヤラル

□はありますか？ □ var mı? ヴァルム

これいくらですか？ Bu ne kadar? ブ ネ カダル

これ買います Bunu alayım ブヌ アラユム

スタンド Büfe ブュッフェ

文房具屋 Kırtasiyeci クルタースィイェジ

本屋 Kitapçı キタプチュ

スーパーマーケット süpermarket スペルマルケット

ミグロス MiGROS ミグロス

★大手チェーン店。大小様々な店舗を全国に展開。

ショック ŞOK ショク

★観光地にも店舗が多数あり利用しやすい。

青空市場 pazar パザル

この地区の青空市場はいつ開かれますか？
Bu mahallenin pazarı hangi gün?
ブ マハッレニン　パザル　ハンギ　ギュン
★パザルはたいてい地区ごとに週一で開かれる。

商店街 çarşı チャルシュ

★kapalı çarşı（カパル チャルシュ）は「屋根付き商店街」の意味。

味見できますか？ Tadına bakabilir miyim? タドゥナ バカビリル ミイム

トルコならではの品々　★お土産に最適！★

コロンヤ Kolonya コロンヤ

チャイグラス* çay bardağı チャイ バルダーウ

チャイ用2段式やかん** Çaydanlık チャイダンルック

ジェズヴェ（トルココーヒー用）cezve ジェズヴェ

スカーフ eşarp エシャルプ

トルコのお守り「目玉」nazar boncuğu ナザール ボンジュー

タイル çini チーニー

革製品 deri ürünleri デリ ウルンレリ

サッカーグッズ →58
futbol takımı ile ilgili ürünler
フットゥボル タクム イレ イルギリ ウルンレル

名刺入れ kartlık カルトゥルック

レトルト食品 paket yiyecekler パケット イイェジェッキレル

香辛料 baharat バハラット

32　*チャイは不思議とこのグラスで飲まないと、まったく美味しく感じない。**トルコのチャイが美味しいのは、「蒸らして煮出す」「薄めて飲む」さらに「グラスで飲む」から。あの味を再現するのは、「蒸らして煮出す」ためのこのやかんが必要。

他の種類はありませんか？
Bundan başka çeşidi yok mu?
ブンダン バシュカ チェシディ ヨクム

それを見せてください
Şuna bakabilir miyim?
シュナ バカビリル ミイム

日用品　Gündelik eşyalar　ギュンデリッキ エシュヤラル

日本語	トルコ語	カナ
タバコ	sigara	スィガラ
ガム	sakız	サクズ
あめ	şeker	シェケル
コンタクトレンズ洗浄液	lens solüsyonu	レンス ソリューショヌ
チョコレート	çikolata	チコラタ
せっけん* 	sabun	サブン
シャンプー**	şampuan	シャンプアン
リンス	saç kremi	サチ クレミ
歯ブラシ	diş fırçası	ディシュ フルチャス
歯みがき粉	diş macunu	ディシュ マージュヌ
シェービングクリーム	tıraş kremi	トゥラシュ クレミ
かみそり	jilet	ジレット
生理用ナプキン 	hijyenik ped	ヒジェニック ペッド
コンドーム 	prezervatif	プレゼルヴァティフ
ペン	kalem	カレム
ノート	defter	デフテル
おりものシート	hijyen günlük ped	ヒジェン ギュンリュック ペッド
のり 	yapıştırıcı	ヤプシュトゥルジュ
はさみ	makas	マカス
辞書	sözlük	ソズリュック
スマホ 	akıllı telefon	アクッル テレフォン
充電アダプタ 	şarj adaptörü	シャルジ アダプトル
モバイルバッテリー 	powerbank	パワバンク

支払い　ödeme　オデメ

 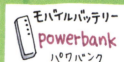

□で支払います
□ ile ödeme yapacağım.
□ イレ オデメ ヤパジャーム

日本語	トルコ語	カナ
クレジットカード	kredi kartı	クレディ カルトゥ
現金 	nakit	ナキットゥ
為替レート	döviz kuru	ドヴィズ クル
おつり	para üstü	パラ ウストゥ
レジ	kasa	カサ
レシート	fiş	フィッシュ

お土産・日用品

数字・買物／時間／食事／文化／家・人／病気・トラブル／その他

＊香りものが大好きなトルコ人。せっけんに限らず、柔軟剤や芳香剤など種類がとっても豊富。＊＊リンス入りシャンプーが多い。表示は輸入品の場合、英語そのままだったりするので比較的見分けがつく。

絨毯・アクセサリー Halı, Kilim ve Takı
ハル　キリム　ヴェ　タク

このデザインの意味は？
Bu desenin anlamı ne?
ブ　デセニン　アンラム　ネ

じゅうたん **Halı** ハル	キリム **Kilim** キリム

主な産地
1. Şarköy シャルキョイ
2. Hereke ヘレケ
3. Aydın アイドゥン
4. Konya コンヤ
5. Sivas スィヴァス
6. Malatya マラティア
7. Erzurum エルズルム

ウール **yün** ユン	シルク **ipek** イペッキ	綿 **pamuk** パムック

じゅうたん・キリムの価格を決定する3大要素

産地 **yöre** ヨレ	染料 **boya** ボヤ	デザイン **desen** デセン

染料の種類

草木染 **kök boya** キョク　ボヤ	化学染料 **kimyasal boya** キムヤーサル　ボヤ

キリムは年代も大切

オールドキリム **eski kilim** エスキ　キリム	アンティークキリム **antika kilim** アンティカ　キリム

この金額に、送料と保険料は入っていますか？
Bu fiyata taşıma ve sigorta ücretleri dahil mi?
ブ　フィヤタ　タシュマ　ヴェ　スィゴルタ　ウジュレットレリ　ダーヒル　ミ

34

宝石 mücevher ミュジェヴヘル	ゴールド altın アルトゥン	ピアス küpe キュペ	指輪 yüzük ユズック

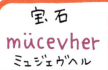

シルバー gümüş ギュムシュ	ダイヤモンド elmas エルマス	ネックレス kolye コリイェ	ブレスレット bilezik ビレズィッキ

ショーウインドウにあるのを見せてください
Vitrindekine bakabilir miyim?
ヴィトゥリンデキネ バカビリル ミイム

○○金
○○ ayar altın
○○ アヤル アルトゥン

何金ですか?
Kaç ayar?
カチ アヤル

トルコ製
Türk malı
トゥルク マル

 つけてみてもいいですか?
Takabilir miyim?
タカビリル ミイム

 見ているだけです
Sadece bakıyorum
サーデジェ バクヨルム

袋を下さい ＊
Torba verir misiniz?
トルバ ヴェリル ミスィニス

プレゼント包装してください
Hediye paketi yapar mısınız?
ヘディイェ パケティ ヤパル ムスヌス

値引交渉
Pazarlık
パザルルック

「値札のないもの」は、ぜひ値段交渉に挑戦してみましょう。逆に、値札があるものはできないことになります。

私には高すぎます!
Bana göre çok pahalı!
バナ ギョレ チョク パハル

安くしてください
İndirim yapar mısınız?
インディリム ヤパル ムスヌス

勉強してくれますよね?
Uygun fiyat yaparsınız, değil mi?
ウィグン フィヤトゥ ヤパルスヌス デイル ミ

いくらをお考えですか?
Ne kadar düşünüyorsunuz?
ネ カダル ドゥシュヌヨルスヌス

 価格 **fiyat** フィヤットゥ

バーゲン **indirim** インディリム

売り尽くし中 **Bitiriyoruz!** ビティリヨルズ

特別キャンペーン **Özel Kampanya** オゼル カンパンヤ

特別価格 **Özel Fiyat** オゼル フィヤットゥ

 ××個買ったら1個無料プレゼント
XX tane alana 1 tane bedava
×× ターネ アラナ ビッ ターネ ベダーヴァ

絨毯・アクセサリー

数字・買物 / 時間 / 食事 / 文化 / 家・人 / 病気トラブル / その他

＊ビニール袋だったら、poşet（ポシェットゥ）になる。

35

服と色 Giysiler ve Renkler
ギイスィレル ヴェ レンクレル

~はありますか？
~ var mı?
~ ヴァルム

| 男性用 erkek エルケッキ | 女性用 kadın カドゥン | 子供用 çocuk チョジュック |

 洋服 Elbise エルビセ
 Tシャツ T-şört ティー ショルトゥ
 Yシャツ gömlek ギョムレッキ
 ブラウス bluz ブルズ

 セーター kazak カザック
 カーディガン hırka フルカ
 ジャケット ceket ジェケットゥ
 コート palto パルト

 ズボン pantolon パントロン
 スカート etek エテッキ
 ジーンズ kot pantolon コットゥ パントロン
 スーツ takım elbise タクム エルビセ

 民族衣装 etnik giysiler エトゥニッキ ギイスィレル
 ベスト yelek イェレッキ
 トルコ風モンペ şalvar＊ シャルヴァル
 トルコ帽 fes フェス

 靴 ayakkabı アヤッカブ
 靴下 çorap チョラップ
 ストッキング külotlu çorap キュロトゥル チョラップ
 帽子 şapka シャプカ
 パジャマ pijama ピジャマ

 ベルト kemer ケメル
 ネクタイ kravat クラヴァットゥ
パンツ külot キュロットゥ
ブラジャー sütyen ストゥイェン
 水着 mayo マヨ

もう少し□なものはありますか？
Biraz daha □ olanı var mı?
ビラズ ダハ □ オラヌ ヴァルム

 長い uzun ウズン
 短い kısa クサ
 大きい büyük ビュユック
 小さい küçük キュチュック
きつい sıkı スク＊＊
 ゆったり bol ボル

36 ＊日本人の目には「昔の不良」のズボンのように見えるが、田舎の女性たちが愛用している色とりどりのシャルヴァルは、機能的で身動きしやすそう。一見スカートのようにも見える。＊＊dar(ダル) とも言う

時間と時刻 Zaman ve Saat
ザマン ヴェ サァーットゥ

いま何時ですか？
Şimdi saat kaç?
シムディ サァーットゥ カチ

朝
Sabah
サバッ

□時に起こしてください
Saat □ de uyandırın, lütfen.
サァーットゥ □ デ ウヤンドゥルン ルトゥフェン

日中
gündüz
ギュンドゥズ

□時に会いましょう
Saat □ de buluşalım!
サァーットゥ □ デ ブルシャルム

正午
öğle
オーレ

何時にオープン（クローズ）しますか？
Kaçta açılır? (kapanır?)
カチタ アチュルル （カパヌル）

出発時間
kalkış saati
カルクシュ サァーティ

夕方
akşam
アクシャム

何時までオープン（クローズ）ですか？
Kaça kadar açık? (kapalı?)
カチャ カダル アチュック （カパル）

到着時間
varış saati
ヴァルシュ サァーティ

夜
gece
ゲジェ

何時間かかりますか？
Kaç saat sürer?
カチ サァーットゥ スレル

集合時間
buluşma saati
ブルシュマ サァーティ

真夜中
gece yarısı
ゲジェ ヤルス

約	□時間	□分	□秒
yaklaşık	□ saat	□ dakika	□ saniye
ヤクラシュック	□ サァーットゥ	□ ダキーカ	□ サーニィェ

時差 ＊
saat farkı
サァーットゥ ファルク

サマータイム＊＊
yaz saati
ヤズ サァーティ

→ 開始
başlama zamanı
バシュラマ ザマーヌ

→ 終了
bitiş zamanı
ビティシュ ザマーヌ

38　＊通常は日本とトルコの時差は7時間。サマータイム時は6時間となる。＊＊サマータイムの終了日はわかりづらく、この頃に乗り物を使う時などは要確認。

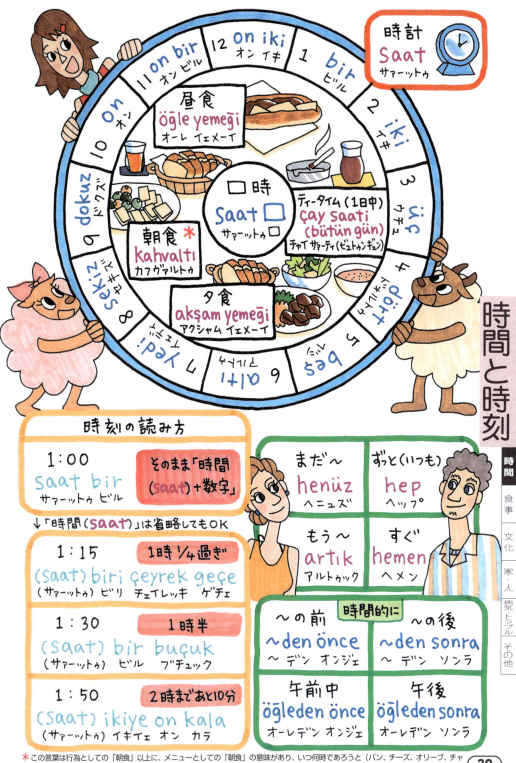

月日と年月 Günler, Aylar ve Yıllar
ギュンレル　アイラル　ヴェ　ユッラル

今日は何日ですか？
Bugün ayın kaçı?
ブギュン　アユン　カチュ

[例] 7月24日（「24+7」と表記）
Yirmidört Temmuz
イルミドォルトゥ　テンムズ

いつ？
Ne zaman
ネ　ザマン

トルコに来たのですか？
Türkiye'ye geldiniz?
トゥルキイェイェ　ゲルディニズ

日本に戻るのですか？
Japonya'ya döneceksiniz?
ジャポンヤヤ　ドネジェキスィニス

何日ここに滞在しますか？
Burada kaç gün kalacaksınız?
ブラダ　カチ　ギュン　カラジャクスヌス

□日滞在します
□ gün kalacağım
□ ギュン　カラジャーム

□日間の
□ günlük
□ ギュンルック

□週間の
□ haftalık
□ ハフタルック

旅行
Seyahat
セヤーハットゥ

つきあい
ilişki
イリシュキ

疑問形は、□にkaç（カチュ）を入れて

□ケ月間の
□ aylık
□ アイルック

□年間の
□ yıllık
□ ユッルック

滞在
konaklama
コナクラマ

別れ
ayrılık
アイルルック

誕生日
doğum günü
ドーウム　ギュヌ

誕生日おめでとう！ *
Doğum gününüz kutlu olsun!
ドーウム　ギュヌヌズ　クトゥル　オルスン

〇〇年生まれです
〇〇 doğumluyum
〇〇 ドーウムルユム

[例] 1975年生まれなら下2ケタのみで
Yetmişbeş doğumluyum
イェトゥミシュベシュ　ドーウムルユム

＊ 届け出が適当なので、たくさんの「1月1日生まれ」の人に出会う。なかには、遅く兵役につかせようという親心から遅く届け出ることがあり、身分証明書に記載されている生まれの年と実際に生まれた年が異なる場合もしばしば。

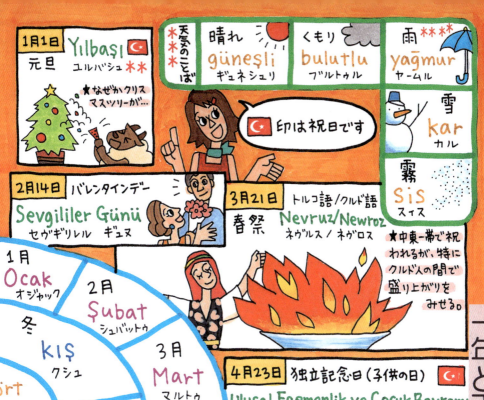

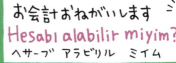

前菜・スープ Mezeler ve Çorbalar

これはどこで食べられますか？ / Bunu nerede yiyebilirim?
ロカンタで / Lokantada ＊
レストランで / Restoranda

スープ / Çorba çeşitleri
「本日のスープ」はなんですか？ / Günün çorbası ne?
赤レンズ豆のスープ / Kırmızı mercimek çorbası
エゾゲリンスープ / Ezo gelin çorbası
高原のスープ / Yayla çorbası
トマトスープ / Domates çorbası
タラハナスープ（トルコのインスタントスープ）/ Tarhana çorbası
イシュケンベスープ（羊の胃袋のスープ）/ İşkembe çorbası

前菜 / Meze çeşitleri
赤豆のトマト煮 / Barbunya pilaki
ムジュヴェル（ズッキーニ・チーズ・小麦粉）/ Mücver
ひよこ豆のディップ / Humus
ピクルス（種類色々）/ Turşu
チェルケズ風チキン / Çerkez tavuğu
チリペースト / Acılı ezme

サラダとスパゲティ / Salata çeşitleri ve Makarna

羊飼いのサラダ（ミックスサラダ）/ Çoban salatası

きゅうりのヨーグルトスープ（冷）/ Cacık

豆のサラダ / Piyaz

スパゲッティ（ふにゃふにゃ）/ Makarna ＊＊

＊ 指をさすだけで料理を皿に盛ってくれるロカンタと呼ばれる大衆食堂は旅行者の強い味方。本格的なケバブやキョフテ、魚料理が食べたい場合はそれぞれ専門のレストランへ。＊＊ 作り置きしてのびきったスパゲティは「まずい」と評判。慣れると不思議と「アルデンテとは何だったのか？」と思うぐらいにはまる。一方、モダンなカフェではアルデンテとは何かを承知しているらしい。

46

* dolmal（ドルマ）とは詰め物の意味。 ** sarma（サルマ）とは巻き物の意味。 *** 通常パンは無料かつおかわり自由。

主菜・軽食 Kebaplar ve Atıştırmalıklar
ケバプラル ヴェ アトゥシュトゥルマルックラル

| おすすめは何ですか？
Ne tavsiye edersiniz?
ネ　タヴスィイェ　エデルスィニス | 1皿
bir porsiyon
ビル　ポースィヨン | ½皿
yarım porsiyon
ヤルム　ポースィヨン |

※ 東京でもすっかりお馴染みのドネルケバブは、牛肉・羊肉・鶏肉タイプがある。本格ケバブレストランでも、町のスタンドでも食べられる旅行者の心強い味方。※※ 羊の肉を使うことが多いので、羊が苦手な人は聞いてみよう。

*日本人旅行者のあこがれの味！ケバブに疲れた胃袋にはありがたい存在。**ラワシュでくるむと中身はなんであれ、「ドゥルム」になる。バゲット風のパンよりも素材そのものの味がして、食べやすく美味しい。***EUに加盟したらココレッチ禁止！？との話題で一時盛り上がったが、いまだEUに加盟することもないし、ココレッチも禁止されることなく生き残っている。

飲み物・デザート İçecekler ve Tatlılar
イチェジェッキ ヴェ タトゥルラル

何を飲みますか？ **Ne içersiniz?** ネ イチェルスィニス	冷たい飲み物 **Soğuk içecek** ソーウク イチェジェッキ
(同じものを)もう1つ(1杯)ください **Bir tane daha, lütfen** ビッ ターネ ダハ ルトゥフェン	温かい飲み物 **Sıcak içecek** スジャック イチェジェッキ

İçecekler ve Tatlılar

チャイ **çay** チャイ	チャイ薄めで **Açık olsun** アチュック オルスン	菩提樹のチャイ **ıhlamur çayı** ウフラムル チャユ	アップルティー **elma çayı** エルマ チャユ
	チャイ濃いめで **Koyu olsun** コユ オルスン	ローズヒップティー **kuşburnu çayı** クシュブルヌ チャユ	セージティー **ada çayı** アダ チャユ

トルココーヒー * **Türk kahvesi** トゥルク カフヴェスィ	砂糖 ** **şeker** シェケル	砂糖なし **şekersiz** シュケルスィズ
占い師 **falcı** ファルジュ		砂糖少々 **az şekerli** アズ シェケッリ
		砂糖普通 **orta şekerli** オルタ シェケッリ
コーヒー占い *** **kahve falı** カフヴェ ファル		砂糖多め **çok şekerli** チョク シェケッリ

水 **su** ス	ネスカフェ **Neskafe** ネスカフェ	ヨーグルトドリンク(塩味) **ayran** アイラン	ソーダ **gazoz** ガゾッス
コーラ **kola** コラ	コラトゥルカ ** **Colaturka** コラトゥルカ	冬に出回る、冷たいキビの発酵ドリンク **boza** ボザ	冬になると恋しくなる、植物の根を使ったホットドリンク **salep** サーレップ

フルーツジュース **meyve suları** メイヴェ スラル	サワーチェリージュース **vişne suyu** ヴィシュネ スユ	ピーチジュース **şeftali suyu** シェフターリ スユ	アプリコットジュース **kayısı suyu** カユス スユ

＊ 粉のうわずみを飲むのが特徴の中東・地中海地域のコーヒー。＊＊ コーヒーを作るときに砂糖も入れるのでオーダー時に砂糖の量を決める。後から入れてかき混ぜると粉が沈むまで待たないといけない。＊＊＊ コーヒーの残りカスで行う占い。言葉の壁を乗り越えられればかなりおすすめ。＊＊＊＊トルコ産コーラ。これを飲むとアメリカ人もトルコ人化！というCMが話題を呼んだ。

50

酒・アルコール
içki / alkol
イチュキノ アルコル

- ワイン **şarap** シャラップ
- ラク **rakı** ラク
- ビール **bira** ビラ
- グラス **bardak** バルダック
- ボトル **şişe** シシェ

バー **bar** バル	カフェ **kafe** カフェ
ケーキ屋 **pastane** パスターネ	甘い物屋 **tatlıcı** タトゥルジュ
おやじ系居酒屋 **meyhane** メイハーネ	おやじ系コーヒーハウス **kahvehane** カフヴェハーネ

飲み物・デザート

デザート類 ✱
tatlı çeşitleri
タトゥル チェシットゥレリ

- のびるアイス **dondurma** ドンドゥルマ
- コーン **külah** キュラーフ
- カップ **kutu** クトゥ

- バクラヴァ **baklava** バクラヴァ — シロップ系スイーツの女王
- カダユフ **kadayıf** カダユフ — シロップ系スイーツの代表
- キュネフェ **künefe** キュネフェ — 中にはチーズが
- ライスプディング **sütlaç** スゥトゥラッチ — お米入りのプディング
- ムハッレビ **muhallebi** ムハッレビ — 牛乳と小麦粉の組合わせ
- セモリナ粉のヘルワ **irmik helvası** イルミッキ ヘルワス
- カザンディビ **kazandibi** カザンディビ — 牛乳を使ったモチモチ食感のスイーツ
- ケマルパシャ **kemalpaşa** ケマルパシャ — ムスタファケマルの好物がこれ
- ロクマ **lokma** ロクマ — 揚げ物系スイーツ。もちろんシロップも
- アシュレ **aşure** アシュレ — 別名「ノアの箱舟プディング」
- ギュラッチ **güllaç** ギュラッチ — バイラムに欠かせないバラ水入り
- ケーキ **kek** ケキ — 定番のお手軽スイーツ

日持ちするのでお土産にオススメ

- ロクム **lokum** ロクム
- トルコ風綿菓子 **pişmaniye** ピシマーニイェ
- ゴマペーストのヘルワ **tahin helvası** ターヒン ヘルワス
- 栗の甘煮（ブルサ名物）**kestane şekeri** ケスターネ シェケリ

食事 | 文化 | 家・人 | 病気・トラブル | その他

✱ トルコでは大の男も甘いものが大好き。程よく甘いデザートはなかなかなく、デザートとはすなわち激甘。シロップ系と牛乳系に大別できる。

食材 Gıda Malzemeleri

~はありますか？
~ var mı?
ヴァル ム

~が欲しいです
~ istiyorum
イスティヨルム

パン屋
fırın
フルン

八百屋
manav
マナヴ

肉屋
kasap
カサップ

魚屋
balıkçı
バルックチュ

トルコの家庭の必須アイテムたち

- 小麦粉 un ウン
- ヨーグルト* yoğurt ヨーウルトゥ
- オリーブ zeytin ゼイティン
- はちみつ bal バル
- ひまわり油 ayçiçekyağı アイチチェッキヤー
- ビネガー** sirke スィルケ
- ジャム reçel レチェル
- チーズ peynir ペイニル
- 牛乳 süt スットゥ
- トマトペースト salça* サルチャ
- 卵 yumurta ユムルタ
- バター tereyağı テレヤー

野菜 sebze セブゼ	トマト domates ドマテス	ピーマン biber ビベル	ナス patlıcan パトゥルジャン
玉ネギ soğan ソーアン	じゃがいも patates パタテス	にんじん havuç ハヴチュ	ほうれん草 ıspanak ウスパナック
オクラ bamya バムヤ	いんげん豆 taze fasulye ターゼ ファスリイェ	かぼちゃ balkabağı バルカバーウ	ズッキーニ kabak カバック
キャベツ lahana ラハナ	にんにく sarmısak サルムサック	きゅうり salatalık サラタルック	洋ネギ pırasa プラサ

*すっかりヨーグルト＝ブルガリアというイメージが日本では定着しているが、「ヨーグルト」の語源はトルコ語。デザートではなく、食材として毎日トルコの食卓にのぼる。ケバブやピラフとの相性は抜群。**トルコ料理が赤いのはこのせい。パプリカペーストもトルコ南東部では人気。***イスタンブルのSirkeci（スィルケジ）という地名は、sirke + ci（ビネガー＋屋）という意味。

食材

豆類 baklagiller バクラギルレル

白いんげん豆 **kuru fasulye** クル ファスリイェ	ひよこ豆 **nohut** ノフットゥ	赤(緑)レンズ豆 **kırmızı (yeşil) mercimek** クルムズ(イェシル)メルジメッキ

ナッツ類 kuruyemiş クルイェミシュ

ヘーゼルナッツ **fındık** フンドゥック	ピスタチオ **antep fıstığı** アンテップ フストゥーウ	くるみ **ceviz** ジェヴィズ
アーモンド **badem** バーデム	エジプト豆 **leblebi** レブレビ	ひまわりの種 **ayçiçek çekirdeği** アイチチェッキ チェキルデーイ	かぼちゃの種 **kabak çekirdeği** カバック チェキルデーイ

果物 meyve メイヴェ

いちご **çilek** チレッキ	バナナ **muz** ムズ	りんご **elma** エルマ	オレンジ **portakal** ポルタカル
ぶどう **üzüm** ウズム	レモン **limon** リモン	メロン **kavun** カヴン	桃 **şeftali** シェフタリ	洋梨 **armut** アルムットゥ
すいか **karpuz** カルプズ	いちぢく **incir** インジル	ザクロ **nar** ナル	さくらんぼ **kiraz** キラズ	あんず **kayısı** カユス

香辛料 baharat バハラットゥ

塩 **tuz** トゥズ	黒こしょう **kara biber** カラ ビベル	パプリカ(粉末) **kırmızı biber(toz)** クルムズ ビベル(トズ)	パプリカ(粗粉末) **pul biber** プル ビベル
ミント **nane** ナーネ	タイム **kekik** ケキッキ	クミン **kimyon** キミョン	スマック **Sumak** スマック	シナモン **tarçın** タルチュン

肉

牛肉 **dana eti** ダナ エティ	羊(仔羊)肉 **koyun (kuzu) eti** コユン (クズ) エティ	鶏肉 **tavuk eti** タヴック エティ	胸肉 **göğüs** ギョウス
挽肉 **kıyma** クイマ	小間切れ肉 **kuşbaşı** クシュバシュ	レバー **ciğer** ジエル	もも肉 **but** ブトゥ	ホール **bütün** ビュトゥン

文化 | 家・人 | 病トラブル | その他

53

宗教 Din
ディン

あなたが信仰する宗教は何ですか?
Dini inancınız ne?
ディーニー イナンジュヌズ ネ

宗教
din ディン

神	一神教	多神教
Allah/Tanrı アッラー／タンル	**tek tanrılı dinler** テキ タンルル ディンレル	**çok tanrılı dinler** チョク タンルル ディンレル

イスラーム **islam / islamiyet**
イスラム／イスラーミイェットゥ

トルコは共和国建国（1923年）以来の国是として、世俗主義（laiklik ライクリッキ）を貫いており、ムスリム（イスラム教徒）が多数派を占めるものの、国教とはなっていない。大多数がスンニー派。教義の特異性により迫害の対象になってきたアレヴィー派の割合は1〜2割と言われている。

モスク	スンニー派	シーア派	アレヴィー派
Cami ジャーミ	**Sünnî** スンニー	**Şiî** シー	**Alevî** アレヴィー

ムスリム(イスラム教徒)	クルアーン(コーラン)	預言者	(預言者)ムハンマド
Müslüman ムスリュマン	**Kuran** クラーン	**peygamber** ペイガムベル	**Muhammed** ムハンメッドゥ

トルコ人 → トルコ語	クルド人 → クルド語 *
Türk トゥルク → **Türkçe** トゥルクチェ	**Kürt** キュルトゥ → **Kürtçe** キュルッチェ

あなたの祖先がどこから来たかご存知ですか？
Atalarınızın nereden geldiğini biliyor musunuz? **
アタラルヌズン ネレデン ゲルディーニ ビリヨル ムスヌズ

クルド語できますか？
Kürtçe biliyor musunuz?
キュルッチェ ビリヨル ムスヌズ

トルコ人も驚く、日本人の不思議な宗教観を説明するなら →

誕生	結婚式(披露宴)	葬式
doğum ドーウム	**düğün** ドゥーン	**cenaze** ジェナーゼ

* クルド語にも様々あり、トルコではクルマンジーとザザの話者が多く、イラクやイランではソラニーの話者が多い（第二部参照）。
** トルコ人の髪、目、肌の色が人によって異なることからもわかるように、民族的出自は実に様々。

54

"Allah(神)"を使った表現

| タタ分
(アッラーがそう願うなら)
İnşallah
インシャッラー | 素晴らしい!
(まさにアッラーの望むもの)
Maşallah
マーシャッラー | 勘弁してよ!
Allah aşkına!
アッラアシュクナ | 畜生!
Allah kahretsin!
アッラーカーレッスィン |

キリスト教 Hristiyanlık
フリスティヤンルック

トルコ=イスラムと見なされがちだが、キリスト教ゆかりの地も多い。それもそのはず、1453年のイスタンブル征服(istanbul'un Fethi イスタンブルン フェティ)以前は、東方正教会の総本山がイスタンブルにあったのだから(Ayasofya アヤソフィア)。現在はイスタンブルの Fener(フェネル)地区に、ギリシア正教会総主教座(Rum Patrikhanesi ルム パトリックハーネスィ)がある。

| キリスト教徒
Hristiyan
フリスティヤン | カトリック
Katolik
カトリック | プロテスタント
Protestan
プロテスタン | 正教徒
Ortodoks
オルトドクス |
| 教会
kilise
キリセ | 聖書
İncil
インジル | イエス
İsa
イーサ | (聖母)マリア*
Meryem(ana)
メリイェム(アナ) |

| ルム(ギリシア人)
Rum → ギリシア語
Yunanca
ルム　ユナンジャ | アルメニア人
Ermeni → アルメニア語
Ermenice
エルメニー　エルメニジェ |

ユダヤ教 Musevilik
ムセヴィーリッキ

1492年、国土回復運動(レコンキスタ)の名のもとにイベリア半島を追われた数多くのユダヤ人がオスマン帝国領内に移民した。イスタンブルにはシナゴーグがいくつか存在する。2003年11月シナゴーグ同時爆破テロは記憶に新しい。

| ユダヤ教徒
Musevi
ムセヴィー | ユダヤ人
Yahudi
ヤフディー | モーセ
Musa
ムーサ | シナゴーグ
Sinagog
スィナゴグ |

| 仏教
Budizm
ブディズム | 神道
Şintoizm
シントイズム | 寺院・神殿
Tapınak
タプナック | 無神論者
Ateist
アテイストゥ |

＊エフェスの遺跡で有名なセルチュクには、聖母マリアの晩年の住処と言われる「聖母マリアの家」がある。

音楽 Müzik
ミュズィッキ

~はありますか？
~ var mı?
~ ヴァルム

CD	YouTubeチャンネル	DVD	フォロワー
CD	**YouTube kanalı**	**DVD**	**takipçi**
スィーディー	ユーチューブ カナル	ディーヴィーディー	ターキプチ

□の最新アルバム
□ (n)in en son albüm
□ (ニ)ン エン ソン アルビュム

一番売れてるのはどれですか？
En çok satan hangisi?
エン チョク サタン ハンギスィ

あなたが(一番)好きなアーティストは？
(En) Sevdiğiniz şarkıcı kim?
(エン) セヴディーニズ シャルクジュ キム

声が好き
Onun sesi güzel
オヌン セスィ ギュゼル

歌が好き
Onun şarkıları güzel
オヌン シャルクラル ギュゼル

ポップミュージック pop ポップ

セゼン・アクス
Sezen Aksu
★不動のポップスの女王

セルタップ・エレネル

Sertab Erener
★世界にはばたくトルコきっての歌姫。「セルタブ」の名で日本デビューも果たす

ジャンダン・エルチェティン
Candan Erçetin
★名門ガラタサライ高校で教鞭もとれば、シャンソンも歌う

タルカン
Tarkan
★トルコが生んだメガスター。兵役も済ませて安心、安心…

テオマン
Teoman
★独特の歌い方とルックスで人気は安定

ムスタファ・サンダル

Mustafa Sandal
★あっさりした声質で軽やかにポップスも歌う

アラベスク arabesk アラベスク

イブラヒム・タトゥルセス

İbrahim Tatlıses
★アラベスクといえばやはりこの人。鶴に似合わない高音は健在

ユルドゥズ・ティルベ
Yıldız Tilbe
★ちょっと人騒がせなはねかえり。ハスキーな声が印象的

エブル・ギュンデシュ

Ebru Gündeş
★小さな体で野太い声を出す

エスニック

カルデシュ・トゥルクレル

Kardeş Türküler
★トルコ語・クルド語・アルメニア語など、それぞれの民族音楽をそれぞれの言語で歌う。

民謡	宮廷音楽
halk müziği	**Sanat müziği**
ハルク ミュズィーイ	サナットゥ ミュズィーイ

民族音楽	国内(アーティスト)	外国人(アーティスト)
etnik	**yerli**	**yabancı**
エトゥニッキ	イェッリ	ヤバンジュ

※「第三世界のDVD」と言われ、トルコではかなり普及している。日本のDVDプレイヤーでは再生できないがPCなら再生できる。

ユルマズ・ギュネイ (1937-1984) Yılmaz Güney

★思想犯として生涯3度投獄され獄中からメガホンをとったことでも知られる。1982年には「路」Yol (ヨル) でカンヌ映画祭でグランプリを受賞。トルコでは彼の作品は長く上映禁止とされていたが1999年ようやく解禁となった。亡命先のパリで死亡。

映画 **film** フィリム	監督 **yönetmen** ヨネトゥメン

俳優 **oyuncu** オユンジュ	賞 **ödül** オドゥル	テレビドラマ **dizi** ディズィ

軍楽隊 Mehter メフテル
★日本でもおなじみのあのメロディー、本場で是非。イスタンブルの軍事博物館で。

民族舞踊 Halk oyunları ハルク オユンラル

Fire of Anatolia **Anadolu Ateşi** アナドル アテシ

★トルコ各地の民族舞踊をアレンジしたステージが話題。2003年9月には来日公演も行われた

音楽

ズイルジャン (シンバルのメーカー) Zildjian

★ドラマーなら誰もが知るシンバルメーカー「ズィルジャン」の創業者はイスタンブル生まれのアルメニア人。

ファズル・サイ Fazıl Say

★世界的に有名なピアニスト。日本でも人気が高い。(日本では「ファジル・サイ」として紹介されている)

サズ **saz** / ネイ **ney** / ダヴル **davul** / ズルナ **zurna**

私は□の演奏ができます！
Ben □ çalabiliyorum! ベン □ チャラビリヨルム

バイオリン **keman** ケマン	ピアノ **piyano** ピヤノ
ギター **gitar** ギタル	笛 **flüt** フルットゥ

初級者 **acemi** アジェミー	プロ級 **profesyonel** プロフェソネル

文化 | 家・人 | 気・トラブル | その他

57

スポーツ Spor
スポル

サッカー
futbol
フッボール

どのチームを応援していますか？
Hangi takımı tutuyorsunuz？ *
ハンギ タクム トゥトゥヨルスヌス

主なチーム
1. Süperlig
ビリンジ スペルリギ

ガラタサライ	フェネルバフチェ	ベシクタシュ
Galatasaray	Fenerbahçe	Beşiktaş

カイセリスポル	コンヤスポル	サムスンスポル	ガズィアンテップスポル	トラブゾンスポル
Kayseri Spor	Konya Spor	Samsun Spor	Gaziantep Spor	Trabzon Spor

勝った！	サッカー選手	監督	審判	サポーター
Kazandık!	futbolcu	teknik direktör	hakem	taraftar
カザンドゥック	フッボルジュ	テクニック ディレクトル	ハケム	タラフタル

負けた…	試合	チーム	ゴール	代表チーム
yenildik…	maç	takım	gol	milli takım
イェニルディック	マチ	タクム	ゴル	ミッリー タクム

FIFA
ワールドカップ

Dünya Kupası
ドゥンヤー クパス

夏季（冬季）オリンピック
Yaz(Kış) Olimpiyatları
ヤズ（クシュ）オリンピヤットラル

2大スター選手

トルコ女子バレーボール代表チーム
Türkiye Kadın Milli
トゥルキイェ カドゥン ミッリー
Voleybol Takımı
ヴォリィボル タクム

ゼフラ・ギュネシュ
Zehra Güneş
★「トルコの壁」の異名を持つ。一家はボスニア系で家族全員高身長。

メリッサ・ヴァルガス
Melissa Vargas
★キューバ出身。2021年にトルコ国籍を取得しトルコ代表に。

＊たいていのトルコ人は、どこか特定のチームのサポーターであることが普通。スポーツ＝サッカーといっていいぐらいに盛んだ。

レジャー Eğlence ve Hobi
エーレンジェ ヴェ ホビ

趣味はありますか？
Hobileriniz neler?
ホビレリニズ ネレル

〜を観る/見る
izlemek
イズレメッキ

〜をする
yapmak
ヤプマック

休日には何をしていますか？
Boş vakitlerinizde ne yapıyorsunuz?
ボシュ ヴァキトゥレリニズデ ネ ヤプヨルスヌズ

〜に行く
〜(y)e gitmek
〜(イ)ェ ギトゥメッキ

文化と芸術
kültür ve sanat
キュルトゥル ヴェ サナット

オペラ
opera
オペラ

バレエ
bale
バレ

演劇
tiyatro
ティヤトロ

展示会
sergi
セルギ

コンサート
konser
コンセル

絵画
resim
レスィム

テレビ
televizyon
テレヴィズヨン

インターネット
internet
インテルネットゥ

料理
yemek
イェメッキ

ししゅう
dantel
ダンテル

スポーツ
spor
スポル

ジョギング
koşma
コシュマ

ピクニック
Piknik
ピクニック

キャンプ
kamp
カンプ

ウォーキング
yürüyüş
ユリュユシュ

映画館
Sinema
スィネマ

遊園地
luna park
ルナ パルク

スマホゲーム
mobil oyun
モビル オユン

読書
kitap okuma
キタップ オクマ

どんな本を読むんですか？
Ne tür kitaplar okursunuz?
ネ トゥル キタップラル オクルスヌズ

オルハン・パムック
Orhan Pamuk
★世界的に有名なトルコの小説家。大ベストセラー作品である「私の名は紅」の日本語訳も出た。

詩
Şiir
シィール

マンガ
Çizgi roman*
チズギ ロマン

小説
roman
ロマン

★ **karikatür**（カリカトゥル）と呼ばれる風刺漫画が主。一方アニメは、日本のものが毎日のように放送されており、筆者も「キャンディ・キャンディ」、「ベルサイユのばら」などを見たことがある。

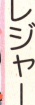

恋愛・結婚 Aşk ve Evlilik
アシュク ヴェ エヴリリッキ

つきあっている人はいますか？
Birlikte olduğun biri var mı?
ビルリクテ オルドゥーン ビリ ヴァルム

います
var ヴァル

いません
yok ヨク

私とつきあってください
Benimle arkadaş olur musunuz?
ベニムレ アルカダシュ オルル ムスヌス

あなたのことが気に入りました
Senden hoşlandım
センデン ホシュランドゥム

すごくかわいいヨ
çok tatlısın チョク タトゥルスン

すごくキレイだよ
çok güzelsin チョク ギュゼルスィン

すごくカッコイイ
çok yakışıklısın チョク ヤクシュクルスン

Yes or No どっち？
Evet mi? Hayır mı?
エヴェット ミ ハユル ム

今のところ誰ともつきあうつもりはないの
Şimdilik kimseyle bir ilişki istemiyorum
シムディリッキ キムセイレ ビル イリシュキ イステミヨルム

一番最後に誰かとつきあったのは？
En son ne zaman biriyle birlikteydin?
エン ソン ネ ザマン ビリイレ ビルリクテイディン

□ヶ月(年)前
□ ay(yıl) önce
□ アイ（ユル）オンジェ

私のこと愛してる？
Beni seviyor musun?
ベニ セヴィヨル ムスン

愛してるよ
Seni seviyorum
セニ セヴィヨルム

君が欲しい
Seni istiyorum セニ イスティヨルム

私も
Ben de ベン デ

私はイヤよ
Ben seni istemiyorum ベン セニ イステミヨルム

キスする
öpmek オプメッキ

恋をする
aşık olmak アーシュク オルマック

エッチする
sevişmek セヴィシュメッキ

処女
bakire バーキレ

やきもち
kıskançlık クスカンチュルック

＊社会名誉
nāmus ナームス

コンドームつけて！
Prezervatif taksana!
プレゼルヴァティフ タクサナ

＊とても残念なことだが、レイプの被害者が「名誉」の名のもとに親族の手によって殺害される事件がしばしば起きている。

結婚してください
Benimle evlenir misin?
ベニムレ エヴレニル ミスィン

はい
evet
エヴェットゥ

いいえ
hayır
ハユル

将来的に考えてくれますか?
İleride düşünür müsün?
イレリデ ドゥシュヌル ムスン

ちょっと考えさせてください
Biraz düşünmem lazım
ビラズ ドゥシュンメム ラーズム

□に招待します
□(y)e davet ediyorum
□(イ)ェ ダーヴェットゥ エディヨルム

ありえません
İmkansız!
イムキャンスズ

結婚式 **nikâh** ニキャーフ	披露宴 **düğün** ドゥーン	妊娠 **hamilelik** ハーミレリッキ	出産 **doğum** ドーウム
女だけの結婚前夜祭 **kına gecesi** * クナ ゲジェスィ	結婚 **evlilik** エヴリリッキ	中絶 **kürtaj** キュルタージュ	出産制限 **doğum kontrolü** ドーウム コントロル
宗教婚 ** **imam nikâhı** イマーム ニキャーフ	新婚旅行 **balayı** バルアユ	避妊 **gebelikten korunma** ゲベリッキテン コルンマ	ピル **hap** ハップ

(カップル・夫婦の人に)どうやって知り合ったんですか?
Nasıl tanıştınız?
ナスル タヌシュトゥヌズ

学校で
Okulda
オクルダ

職場で
işyerinde
イシュイェリンデ

友人の紹介で
Arkadaşımın vasıtasıyla
アルカダシュムン ヴァスタスイラ

親戚なんです
Akrabayız
アクラバユズ

お見合いで
Görücü usulü ile
ギョルジュ ウスール イレ

(カップルの人に)どうして別れたんですか?
Neden ayrıldınız?
ネデン アイルルドゥヌズ

どうして離婚したんですか?
Neden boşandınız?
ネデン ボシャンドゥヌズ

分かり合えなかった
Anlaşamadık
アンラシャマドゥック

浮気された
Aldatıldım
アルダトゥルドゥム

浮気した
Aldattım
アルダットゥム

フラれた
Terk edildim
テレク エディルデム

恋愛・結婚

家・人 | 病気トラブル | その他

＊新郎新婦の女の親類が集まってクナ(ヘンナ)を手などにつけて祝う伝統行事。＊＊法律によらずイマームの前で結婚を誓う。

67

人の性格・感情 Kişinin Karakteri, Özellikleri ve Duyguları
キシニン カラクテリ、オゼッリッキレリ ヴェ ドゥイグラル

私は **Ben** ベン	〜です	〜(y)im 〜 イム	あまり〜(ではない) **fazla** ファズラ
	〜ではありません	〜değilim 〜 デイーリム	
あなたは **Siz** スィズ	〜です	〜siniz 〜 スィニス	とても **çok** チョク
	〜ではありません	〜değilsiniz 〜 デイール スィニス	少し **biraz** ビラズ
彼/彼女は **O** オ	〜ではありません	〜değil* 〜 デイール	全然 **hiç** ヒッチ

いい人 **iyi insan** イイ インサン	悪い人 **kötü insan** キョトゥ インサン	正直 **dürüst** ドゥルストゥ	嘘つき **yalancı** ヤランジュ
賢い **akıllı** アクッル	アホ **aptal** アプタル	おしゃべり **konuşkan/geveze** コヌシュカン/ゲヴェゼ	無口 **suskun** ススクン
働き者 **çalışkan** チャルシュカン	怠け者 **tembel** テンベル	勇敢 **cesur** ジェスール	臆病 **korkak** コルカック
親切 **nazik** ナーズィッキ	わがまま **bencil** ベンジル	上品 **kibar** キバール	下品 **kaba** カバ

(私は)今とっても □ です **Şu an çok □** シュ アン チョク □	悲しい** **üzgünüm** ウズギュヌム	興奮している **heyecanlıyım** ヘイェジャンルユム
嬉しい **mutluyum** ムトゥルユム	快適 **rahatım** ラハトゥム	疲れた **yorgunum** ヨルグヌム	イラついている **sinirliyim** スィニッリイム

*「彼・彼女」の三人称単数の場合は、肯定文(「〜です」)には語尾はつかない。 **下線部が「私は〜です」を表す。

※"maydanoz"とは（イタリアン）パセリのこと。どんな料理にも飾りとして使われることから、何にでも口を挟むでしゃばりタイプの人をこう表現する。"maydonoz"とも書かれ、発音されることもある。※※たいていの日本人は、トルコでは若く見られる。

からだ・病気 Vücut ve Hastalıklar

気分が悪い kendimi kötü hissediyorum	風邪をひいた Nezle oldum	熱がある Ateşim var
食欲がない iştahım yok	眠れない Uykusuzum	頭が痛い Başım ağrıyor
めまいがする Başım dönüyor	胃がムカムカする Midem bulanıyor	下痢/便秘をしている ishal / Kabız oldum

咳 öksürük	くしゃみ hapşırık	鼻水 burun akması	鼻づまり burun tıkanması
吐き気 bulantı	嘔吐 kusma	出血 kanama	悪感 üşütme
胃痛 mide ağrısı	歯痛 diş ağrısı	生理痛 regl ağrısı	しびれ uyuşukluk
捻挫 burkma	骨折 kemik kırılması	耳鳴り kulak çınlaması	痒み kaşıntı
過労 aşırı yorgunluk	失神/卒倒 baygınlık	中毒 zehirlenme	炎症 iltihap

薬は飲みましたか？ ilaç içtiniz mi?

飲みました içtim

まだです Yok, içmedim

救急車を呼んでください Ambülans çağırın, lütfen

一番近い私立病院へ連れて行ってください　＊ Beni en yakın özel hastaneye götürün, lütfen

(70) ＊トルコには Sosyal Sigortalar Kurumu (略して SSK セーセーカー/社会保険機構) の病院がたくさんあるが、大変な混雑及びシステム上の問題のため、その日のうちに診察してもらえるかどうかも定かではない。海外旅行保険に入っているなら私立病院に行くのがベスト。

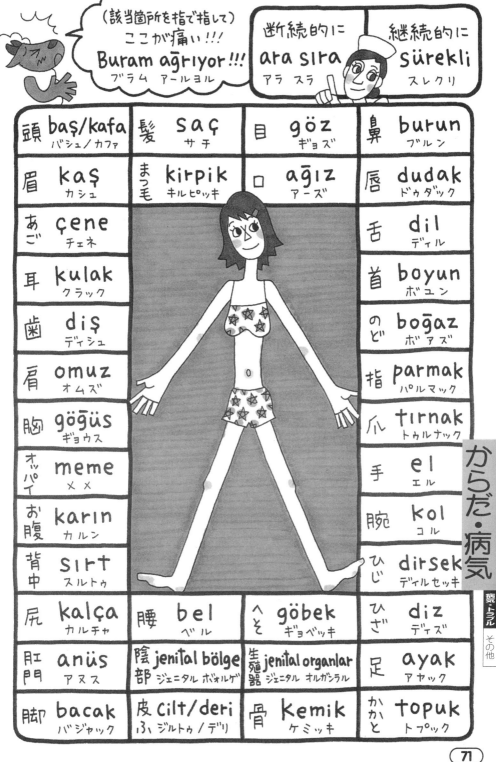

病院・臓器 Hastanede ve İç organlar
ハスターネデ　ヴェ　イチ　オルガンラル

診察して欲しいのですが
Muayene olmak istemiştim
ムアイェネ　オルマック　イステミシュティム

どうしましたか？
Şikayetiniz nedir?
シキャーイェティニズ　ネディル

どんどん悪くなっている気がします
Gittikçe kötüleşiyorum sanki
ギッティクチェ　キョテュレシヨルム　サンキ

☐ **日前からです**
☐ günden beri
☐ ギュンデン　ベリ

私は☐にアレルギーがあります
☐(y)e alerjim var
☐(イ)エ　アレルジム　ヴァル

妊娠しています
Hamileyim
ハーミレイム

海外旅行保険に入っています
Sigortam var
スィゴルタム　ヴァル

☐ **の検査をします**
☐ testi yapacağız
☐ テスティ　ヤパジャーウズ

血 kan カン

医者 doktor ドクトル

尿／おしっこ idrar / çiş イドゥラル／チシ

便／うんち dışkı / kaka ドゥシュク／カカ

看護婦 hemşire ヘムシレ

診察 muayene ムアイェネ

注射 iğne / enfeksiyon イーネ／エンフェクスィヨン

手術 ameliyat アメリヤット

治療 tedavi テダーヴィ

点滴 serum セルム

血圧 tansiyon タンスィヨン

レントゲン röntgen ロントゲン

血液型 kan grubu カン　グルブ ／ A アー ／ B ベー ／ O スフル ／ AB アーベー

のど boğaz ボアズ

肺 akciğer アクジエル

血管 kan damarı カン　ダマル

心臓 kalp カルプ

リンパ腺 lenf bezleri レンフ　ベズレリ

胃 mide ミデ

胆のう safra kesesi サフラ　ケセスィ

腸 bağırsak バールサック

膀胱 sidik torbası スィデッキ　トルバス

腎臓 böbrek ビョブレッキ

盲腸 körbağırsak キョルバールサック

肝臓 karaciğer カラジエル

72

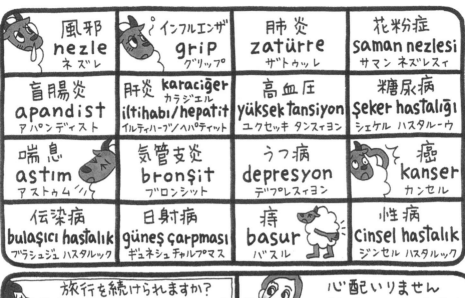

風邪 nezle ネズレ	インフルエンザ grip グリップ	肺炎 zatürre ザトゥッレ	花粉症 saman nezlesi サマン ネズレスィ
盲腸炎 apandist アパンディスト	肝炎 karaciğer iltihabı/hepatit カラジエル イルティハブ/ヘパティット	高血圧 yüksek tansiyon ユクセッキ タンスィヨン	糖尿病 şeker hastalığı シェケル ハスタルーウ
喘息 astım アストゥム	気管支炎 bronşit ブロンシット	うつ病 depresyon デプレスィヨン	癌 kanser カンセル
伝染病 bulaşıcı hastalık ブラシュジュ ハスタルック	日射病 güneş çarpması ギュネシュ チャルプマス	痔 basur バスル	性病 cinsel hastalık ジンセル ハスタルック

旅行を続けられますか？
Tatilime devam edebilir miyim?
ターティリメ デヴァン エデビリル ミイム

心配いりません
Ciddi bir şey değil
ジッディ ビ シェイ デエイル

入院の必要があります
Hastaneye yatmanız lazım
ハスタネイェ ヤトゥマヌズ ラーズム

□日位、安静にしたほうがいいです
□gün kadar dinlenmeniz lazım.
□ ギュン カダル ディンレンメニズ ラーズム

〜をください
〜 verir misiniz?
〜 ヴェリル ミスィニス

診断書
Sağlık raporu
サールック ラポル

領収書
fatura
ファトゥラ

海外旅行保険用の診断書を書いてください
Sigorta şirketine vermek üzere sağlık raporu hazırlar mısınız?
スィゴルタ シルケティネ ヴェルメッキ ウゼレ サールック ラポル ハズルラル ムスヌス

一番近い夜間薬局はどこですか？
En yakın nöbetçi eczane nerede acaba?
エン ヤクン ノベッチ エジュザーネ ネレデ アジャバ

1日○回 Günde ○ defa
ギュンデ ○ デファ

1日○錠 Günde ○ adet
ギュンデ ○ アデットゥ

薬局
eczane
エジュザーネ

処方箋**
reçete
レチェテ

毎食前 Her yemekten önce
ヘル イェメッキテン オンジェ

〜に効く薬
〜 için bir ilaç
〜 イチン ビッ イラッチ

毎食後 Her yemekten sonra
ヘル イェメッキテン ソンラ

*夜間もオープンしている薬局がある（ことになっている）。
**処方箋がなくても抗生物質が買える。

新型コロナ Covid19 / Kovit19 (コビット)

病院・臓器

トラブル Problemler
プロブレムレル

□が壊れてます * □ bozuk ボズック	カギ anahtar アナフタル	ドア kapı カプ
窓 pencere ペンジェレ	トイレ tuvalet トゥヴァレット	シャワー／蛇口 duş/çeşme ドゥシュ／チェシュメ
□がちゃんと動きません（使えません） □ çalışmıyor チャルシュムヨル	エアコン klima クリマ	電話 telefon テレフォン
テレビ televizyon テレヴィズィヨン	電気 elektrik エレクトリッキ	どうにかしてください!!! Birşey yapın!!! ビシェイ ヤプン
□が出ません／ありません □ yok ヨク	お湯 ** sıcak su スジャックス	トイレットペーパー *** tuvalet kağıdı トゥヴァレット キャーウドゥ

部屋を変えてください Odayı değiştirir misiniz? オダユ デーイシュティリル ミスィニス	騒がしいです Gürültülü ギュルルトゥル	汚いです Pis ピス

鍵を部屋の中に忘れました	Anahtarımı odamın içerisinde unuttum. アナフタルム オダムン イチェリスィンデ ウヌットゥム	
ATMからカードが出てきません	Kartım bankamatiğin içinde kaldı カルトゥム バンカマティーイン イチンデ カルドゥ	
誰か日本語あるいは英語ができる人はいませんか？	Aranızda Japonca veya İngilizce bilen var mı? アラヌズダ ジャポンジャ ヴェヤ インギリズジェ ビレン ヴァルム	
ここに電話してください	Buraya telefon eder misiniz? ブラヤ テレフォン エデル ミスィニス	

74　＊壊れているというより、建てつけが悪くて「コツ」が必要な場合もある。＊＊宿の程度により、お湯が出る時間に制限があることも。
＊＊＊公衆トイレではトイレットペーパーの常備は期待できないので、紙は持ち歩いたほうが無難。

ボッタくられた **kazıklandım** カズィクランドゥム	レイプされた **tecavüze uğradım** テジャーヴゼ ウーラドゥム	友人が行方不明になりました **Arkadaşım kayboldu** アルカダシュム カイボルドゥ

睡眠薬強盗にあいました
Uyutma yöntemiyle hırsızlığa maruz kaldım
ウユトゥマ ヨンテミイレ フルスズルーア マールズ カルドゥム

□が盗まれた □ **çalındı** □ チャルンドゥ	(私の)現金 **param** パラム	(私の)クレジットカード **kredi kartım** クレディ カルトゥム	(私の)かばん **çantam** チャンタム
□を失くした □ **ı kaybettim** □ ウ カイベッティム	(私の)財布 **cüzdanım** ジュズダヌム	(私の)航空券 **uçak biletim** ウチャック ビレティム	(私の)パスポート **pasaportum** パサポルトゥム

警察 **polis** ポリス	盗難証明書 **hırsızlık raporu** フルスズルック ラポル	航空会社 **uçak şirketi** ウチャック シルケティ	通訳 **tercüman** テルジュマン

在アンカラ日本大使館 **Japonya Büyükelçiliği** ジャポンヤ ブユックエルチリーイ	在イスタンブル日本領事館 **Japonya Başkonsolosluğu** ジャポンヤ バシュコンソロスルーウ

どうしよう…(涙) **Ne yapacağım şimdi…???** ネ ヤパジャウム シムディ	大丈夫、落ち着いて **Tamam, sakin ol** タマム サーキン オル	諦めたほうがいいよ… **Artık vazgeç…** アルトゥック ヴァーズゲチ

助けてくださって本当にありがとうございました
Yardımınız için çok teşekkür ederim
ヤルドゥムヌズ イチン チョク テシェッキュル エデリム

＊「恥」の文化を持つトルコでは多用される。覚えておいて損はない言葉。

生きもの Canlılar
ジャンルラル

トルコに□はいますか? Türkiye'de □ var mı? トゥルキイェデ □ ヴァルム	私は□を飼っています Benim □ im var. ベニム □ イム ヴァル

たくさんいます Çok var チョク ヴァル	少しいます Biraz var ビラズ ヴァル	ほぼいません Hemen hemen yok ヘメン ヘメン ヨク	見たことありません Hiç görmedim ヒッチ ギョルメディン

動物 * hayvan ハイヴァン	犬 * köpek キョペッキ	猫 kedi ケディ	うさぎ** tavşan タウシャン
牛(牝牛) inek イネッキ	子牛 dana ダナ	羊 koyun コユン	豚 domuz ドムズ
馬 at アトゥ	ロバ * eşek エシェッキ	山羊 keçi ケチ	鹿 *** geyik ゲイィッキ
* 猿 maymun マイムン	* 熊 ayı アユ	ラクダ deve デヴェ	ライオン aslan アスラン
ねずみ fare ファーレ	象 fil フィル	鳥 kuş クシュ	インコ muhabbet kuşu ムハッベト クシュ
スズメ serçe セルチェ	かもめ martı マルトゥ	鶏(オス/メス) horoz/tavuk ホロズ/タヴック	鶏(ヒナ/ヒヨコ) piliç/civciv ピリッチ/ジブジブ
鳩 güvercin ギュベルジン	鷲(わし) kartal カルタル	七面鳥 hindi ヒンディ	カラス karga カルガ

＊印付の単語は悪い意味(相手を罵倒したりするときなどにも使えるので、要注意。＊＊アンゴラうさぎの「アンゴラ」は、現在トルコの首都であるアンカラの旧名「アンゴラ」に由来。＊＊＊鹿が無駄話をしたという話は聞いたことがないが、「無駄話」の意味にもなる。

トルコ語で何て言うの？ **Türkçe'de ne denir?** トゥルクチェデ ネ デニル	あなたの国ではこれを食べますか？ **Siz de bunu yiyor musunuz?** スィズ デ ブヌ イヨル ムスヌス
トルコ語にはピッタリくる単語がありません **Türkçe'de bu kelimenin tam karşılığı yok** トゥルクチェデ ブ ケリメニン タム カルシュルー ヨク	とてもおいしいですよ、試してみる価値 ＊ ありです！ **Çok lezzetli oluyor, denemeye değer!** チョク レッゼトリ オルヨル、デネメイェ デエル

蜂 **arı** アル	蛇 **yılan** ユラン	ワニ **timsah** ティムサ	蝶 **kelebek** ケレベッキ
亀 **kaplumbağa** カプルンバー	アリ **karınca** カルンジャ	サソリ **akrep** アクレップ	蝿（ハエ） **karasinek** カラスィネッキ
蚊 **sivrisinek** スィブリスィネッキ	ゴキブリ **hamam böceği** ハマム ビョジェーイ	クモ **örümcek** オルンジェッキ	魚 **balık** バルック
＊＊生魚（刺身） **çiğ balık** チー バルック	貝 **deniz kabukları** デニス カブックラル	ムール貝 **midye** ミディエ	＊＊海草/コケ **yosun** ヨスン
花 **çiçek** チチェッキ	木/〜の木 **ağaç/〜ağacı** アーチ/〜アージュ	葉 **yaprak** ヤプラック	草 **ot** オトゥ
(植える)種/果実の種 **tohum/çekirdek** トフン/チェキルデッキ	バラ **gül** ギュル	＊＊＊チューリップ **lale** ラーレ	ひまわり **ayçiçeği** アイチチェーイ
百合 **zambak** ザンバック	カーネーション **karanfil** カランフィル	菊 **kasımpatı** カスンパトゥ	桜の木 **kiraz ağacı** キラズ アージュ

生きもの / その他

＊ トルコでは宗教的理由はもとより、食習慣として定着していないことから、豚肉を嫌悪する人がほとんど。＊＊トルコで生魚や海苔類を食べる機会はほぼないが、よく「(あんなもの) 食べるのか？」と質問される。＊＊＊1700年代初頭、イスタンブルではチューリップが大流行し、「チューリップ時代」と呼ばれた。イスタンブル市の花はチューリップ。

動詞、疑問詞、形容詞 Fiiller, Sorular ve Sıfatlar

78　＊口語では burda（ブルダ）、burdan（ブルダン）などとなる。　＊＊背の高さは、uzun（長い・高い）、kısa（短い・低い）を使う。

連絡先交換 Telefon ve Adres Sorma
テレフォン ヴェ アドゥレス ソルマ

あなたの□を教えてください
Sizin □(ı)nızı öğrenebilir miyim?
スィズィン □ ニズィ オーレネビリル ミイム

わたしの□を教えましょう
Benim □(i)mi vereyim
ベニム □ ミ ヴェレイム

住所
adres
アドレス

電話番号
telefon numarası
テレフォン ヌマラス

e-mail アドレス
e-mail adresi
イーメイリ アドレスィ

SNSのアカウント ✻
Sosyal medya hesabı
ソスィアル メディア ヘサーブ

名刺をもらえますか?
Kartınızı alabilir miyim?
カルトゥヌズ アラビリル ミイム

Instagram (X) アカウント持ってる?
İnstagram (x) hesabın var mı?
インスタグラム (イクス) ヘサーブン ヴァル ム

あなたに□を送ります。約束します
Size □ göndereceğime söz veriyorum
スィゼ □ ギョンデレジェーメ ソズ ヴェリヨルム

メッセージ
mesaj
メサージ

メール
e-mail
イーメイル

連絡をとりあおうね
Haberleşelim
ハベルレシェリン

プレゼント
hediye
ヘディエ

写真
fotoğraf
フォトーラフ

何もかも本当にどうもありがとう
Herşey için çok teşekkür ederim
ヘルシェイ イチン チョク テシェッキュル エデリム

わたしのこと、忘れないで…
Beni unutma…
ベニ ウヌトゥマ

ここに書いてください
Buraya yazar mısınız?
ブラヤ ヤザル ムスヌス

あなたのことは忘れません!
Sizi unutmayacağım!
スィズィ ウヌトゥマヤジャーム

✻ 若者は Instagram 利用者が多い。Threads はトルコでは禁じられている。

第2部

トルコで楽しく会話するために

"第2部"では、トルコでの
コミュニケーションのコツを解説しています。
話す力も、話す内容の幅も確実にワンランクアップできます。

トルコ語のすすめ

　本書は、その国の言葉で「会話する」ことを目標としていますが、会話が誰かと親しくなるための必須条件だとするなら、本書はその「入り口」しか示していないのかもしれません。でも、トルコ人相手ならこの入り口だけで十分、と私は考えています。入り口さえあれば、あとはトルコ人がどんどんリードしてくれるはず。なにしろ彼・彼女たちは、日本人に伝えたい、喋りたいことが山ほどあるのですから。

　さらにトルコ人は驚異的なまでに親切です。まれにクールな人もいますが冷淡なわけではありません。情が深く、関わりたがり屋（世話焼き？）というのが典型的なトルコ人の性格と言ってもいいでしょう。もしあなたが遺跡に興味があるだけだとしても、トルコ人と関わらずに旅することはできません。日本では平凡な一市民の私たちでも、この国では「特別な人」に早変わりします。「あぁ～、どうしても気になる、ねぇ、あなた日本人？」と言わんばかりのあからさまな視線、遠慮がちな視線、様々な視線が語りかけてきます。この視線を楽しむ術を身につけてしまい、日本に帰国後、視線を感じなくなったことに一抹の寂しさを感じた人は、トルコに再び訪れる確率の高い、トルコ体質の人です。

　海外旅行をしていると「言葉が通じさえすればわかりあえるのに」と、もどかしく感じる時があると思います。私も以前はそうでした。しかし、トルコ語を話すようになった今、外国語も母国語もそんなに差がないと思うようになりました。言葉を発することは、言葉、つまり気持ちが自分の意図したようには100%伝わらないかもしれないというリスクを常に背負っている行為です。この不安は一見、外国語を使うときのほうが多いように思われますが、使い慣れていない言葉だからこそ必死になることで、気持ちが相手に伝わる可能性もあるのだと思います。だからこそ、気持ちが伝わったときの嬉しさもひとしおなのですが。

　おしゃべり好きで議論好きなトルコ人の言葉、トルコ語に目をつけたのですから、外国語だから伝わらないなどといって諦めるのはやめて、情深いトルコ人の懐を借りて発話というリスキーな旅の醍醐味もぜひ同時に楽しんでください。

トルコ語を学びたくなってしまった方へ

　トルコ語は日本語と文法的な類似点が多いことから、実に学びやすい外国語です。

　そこでアドバイスというほどではありませんが、覚書を一つ。それは、外国語の学び方に正解はないということ。「どうやって勉強すればいいのか」という質問をよく受けますが、自分の目標と性格に合わせて自分で編み出すしかないというのが正直なところです。私の場合、文法構造が全て理解できないとムズムズしてしまう性格のため、まずは文法を徹底的に勉強しました。これが私には合っていたのです。

　でも一つだけ、どんな人にも絶対オススメの方法があります。それは、音楽によ

る学習法です。トルコを旅すると、いたるところでこぶしのガツンガツン効いた歌声と、ポップなのにどことなく演歌調の曲に出合うことでしょう。歌を口ずさみ、陽気に踊る姿は、トルコの原風景のひとつでもあります。

　私がトルコで暮らし始めた頃、トルコ人の友人が経営する小さなホテルを訪ねた時のことです。そこに滞在していた日本人旅行者が非常に気に入ったというトルコ語の歌（実は私も大好きでした）を、トルコ人たちと夜中まで何度も何度も歌い続けていました。すると、その宿に長期滞在していた韓国人のPさんが「うるさい！眠れやしないよ！」と怒りながら降りてきたのですが、結局彼女もその歌が好きで、気づいたら一緒になって大合唱（実は「俺はもう今夜死んでやるんだ」という暗い歌詞だったのですが）。そこで驚きだったのが、トルコ語を学んでいない日本人旅行者の彼らが、何度も何度も歌ううちに発音も完璧になっていたことです。

　恐るべし、音楽の力。「勉強」という二文字にアレルギーがある人でも、メロディーがあれば自然と覚えられるのです。

トルコ料理に舌鼓を打つ

　トルコ旅行の醍醐味の一つは、間違いなく美味しいトルコ料理です。食料自給率100％という肥沃なアナトリアの大地の恵みによって作られた料理は、どれも文句なしに美味いのですが、何が一番美味しかったかと聞かれれば、即座に思い浮かぶのは、anne（アンネ：お母さん）たちが作ってくれた数々の手料理です。トルコ人の誰に聞いても、「うちのanneの料理がトルコで一番」で、母の味を説明するその熱心さは、どんな人にも共通しています。

　あるトルコ人のおばさんから教わった料理を作っていた時のこと。彼女に「おかしいなぁ、あなたに教わったとおりに作ったんだけど、同じ味にならない」とボヤくと、「どうしてかわかる？それはね、anneが作るから美味しいのよ」と切り返されたことがあります。彼女は読み書きができません。だから、すべてのレシピは頭のなかに入っています。彼女が母から受け継ぎ、そしてその母もまた母から受け継いできた特製レシピは、料理をロクにしたこともない外国人の私が付け焼き刃的に作っても、そうやすやすと再現できるものではないのかもしれません。記憶と舌を頼りに作り出される料理はすべて文句なしに美味しく、書かれた文字に頼りきって生きている私たちとは異なる仕方で物事が記憶されうること、その記憶の表現方法は言葉に限らないことを、その味が教えてくれたのです。

　家族を愛し誇りに思うトルコ人にとって、一番のもてなしは、家に招待し女たちの手料理で客人の腹を満たすことです。トルコの敷居はとても低く、少し親しくなれば招かれる機会もあるでしょう。そんなときは、前日から断食してでも空きっ腹で出かけたほうが懸命です。その食わされっぷりときたら、半端じゃありませんから。

歓待という名の拷問、もしくは拷問のような歓待があることを、トルコ人との付き合いのなかでいやというほど学んできましたが、どこかで「そうこなくっちゃ！」とも思っている自分がいたりすることは、ちょっとした恐怖でもあります。トルコの女性たちはなぜかくも過剰な脂肪を身にまとっているのか？それは度々聞かれる質問ですが、ほっぺたが落ちるような美味しい料理を前にすると、そんなことはもうどうでもいいじゃないかと思わされるのです。

トルコの言語事情

　トルコの公用語はトルコ語ですが、実はトルコ語が母語（人が生まれて最初に習い覚えた言語）ではない人たちがたくさんいます。外見での見分けが困難なため、およそ聞いたこともないような、「ラズ人」や「アバザ人」といった多様な民族の人々と、知らずに出会っているのです。少数民族のなかで一番多いのが、人口のおよそ1/3を占めると言われているクルド人。彼らは隣国のイラン、シリア、イラクにまたがって居住していますが、最も激しい迫害と同化政策を行っているのは、「中東の民主主義国家」と言われるトルコです。

　かつてトルコ政府はクルド人を、山がちと言われる東部および南東部に多く居住していることから「山岳トルコ人」などと呼び、一貫してその民族的存在を否定し、クルド独自の言語や文化、アイデンティティ全てを禁じてきました。いわばクルド人は「存在しなかった」のです。同化政策の結果、経済的な理由や強制移住（数千の村が政府によって焼かれ、移住を余儀なくされた）によって、現在ではイスタンブル、アンカラ、イズミルなどの大都市をはじめ、トルコ全土に暮らしています。

　彼らの母語はクルド語ですが、「禁じられた言語」だったことや複数の国家に分断されて居住しているため、クルド語の標準語は今のところ存在していません。

　学校や公的な職場では、公用語であるトルコ語の使用を余儀なくされていますが、実際にはトルコ語がうまく話せない人たちがたくさんいます。貧しさや、地域に学

「他者の痛み」を受け継ぐこと

　本書でも紹介している世界的に有名なトルコ人小説家のオルハン・パムックが昨年、1900年代の初頭にトルコで起きたアルメニア人大虐殺（トルコ政府は事実を否定）および現在も続くクルド問題に関連して「百万人のアルメニア人と、三万人のクルド人が殺されてきた」と発言し、トルコ国内に社会的な混乱を巻き起こしました。このトルコ社会のタブーに言及したのは彼が初めてではありませんが、世界的にも著名な小説家の発言の波紋は広がり、彼は2006年1月現在「国家侮辱罪」で裁判にかけられています。特にアルメニア人虐殺の問題は、日本における「従軍慰安婦」問題と同様、いえそれ以上に長い年月が経っているため、虐殺をかろうじて生き抜いた証言者の生存率も90年以上経った今では風前の灯といえるでしょう。今後トルコ社会が、これらの問題をどのように語っていくのか。記憶と証言、他者の痛みをめぐる普遍的な問題が、日本のみならずトルコでも問われています。現在、アルメニア人のほとんどが故郷の東アナトリアを離れ、世界中に散らばって生きています。

校自体がなく通学できないこと、また特に女性は家父長制的な規範のもとで、学校に行かせてもらえなかったことが背景にあります。就学の困難さはクルド人に限らず、経済水準の低い多くのトルコ人にもみられることです。学校に行ったところで、クルド語で育ったクルド人にとって不慣れなトルコ語での教育を余儀なくされることになるのですが。

　トルコ語に精通してくると、その人の話すトルコ語が母語であるかどうか、また出身地から相手の民族的出自が推測できます。外国人には胸襟を開いてくれることが多いので、もし出身地が東のほうであれば、一言、「クルド人ですか？」と聞いてみてください。クルド人も自分の一番得意な民族の言葉で話しかけられたら、きっと嬉しいはず。少ない語彙ですが、是非チャレンジしてみてください。

クルド語超入門編

元気ですか	Tu çawa yî ?(トゥ チャワ イ)	元気です	Ez baş im.(エズ バシム)
ありがとうございます	Sipas dikim.(スパース ドゥクム)	ありがとう	Sipas.(スパース)
どういたしまして	Sipas xweş.(スパース ホウェシュ)	おはよう、こんにちは	Roj baş.(ロジュ バシュ)
お名前は？	Navê te çi yê?(ネーベ テ チ イェ)	私の名前は〜	Navê min~.(ナーベ ムン)
クルド語話せますか？	Tu bi Kurdî dizanî?(トゥ ビ クルディー ドゥザーニー)		
はい、（私）クルド語が話せます	Balê,ez bi Kurdî dizanim.(バレ、エズ ビ クルディー ドゥザーヌム)		
いいえ、（私）クルド語が話せません	Na,ez bi Kurdî nizanim.(ナ、エズ ビ クルディー ニザーヌム)		
また会いましょう！	Em ê hevdi bibinin.(エミ ヘヴディ ビビヌン)		

誰かの故郷を訪ねる旅

　本書執筆前に久し振りにトルコを訪れ、長い間どうしても行ってみたかったある小さな町を訪ねました。出発前、友人たちは観光名所でもないこの町を訪れるという私に、「そんなところへ何しに行く？」とこぞって反対しました。

　水と緑が眩しい夏の終わりと秋の入り口の気配を漂わせた美しい景色を道中満喫し、たどり着いたのは山と水に囲まれた小さな美しい町。そしてバスを降りて私が出会ったのは、寡黙な住民とたくさんの兵隊と警官たちでした。

　この短い旅の印象記をトルコで月1回発行される小さな新聞に発表したところ、私が訪れた町の出身で、今はヨーロッパで難民として生活しているという男性からメールが届きました。メールには「僕の故郷を訪れてくれてありがとう」、そう書いてありました。彼自身は二度と帰ることがないかもしれない、小さなあの町を「また訪れて欲しい」と。

　故郷から離れざるをえない人々の言葉に触れるうちに、いつしか「外国を旅することは、誰かの故郷を訪ねることでもある」のだと気づきました。そして、私たちが外国人だからこそ訪れることのできるその地が、一方で、故郷であるがゆえに足を踏み入れることのできない、誰かにとっての記憶の中の故郷だということにも。

トルコ語の文法

　本書ではトルコ語の文法を網羅することなどとうていできないので、本書を見て疑問に思われるに違いない、いくつかの約束事を書いておきます。興味がある方だけ、お読みください。「とりあえず語学は丸覚え派」の方は、こんなページはなかったことにしてください。

★トルコ語の発音とアルファベット

　トルコ語はラテン文字が基本で、いくつかの変則文字があるのみ。

A	a	アー	H	h	ヘー	P	p	ペー
B	b	ベー	I	ı	（イの口で）ウー	R	r	（やや巻き舌で）レー
C	c	ジェー	İ	i	イー	S	s	セー
Ç	ç	チェー	J	j	ジェー	Ş	ş	シェー
D	d	デー	K	k	ケー	T	t	テー
E	e	エー	L	l	レー	U	u	ウー
F	f	フェー	M	m	メー	Ü	ü	（ウの口で）イー
G	g	ゲー	N	n	ネー	V	v	ヴェー
Ğ	ğ	ユムシャックゲー（前の母音を長母音化させる）	O	o	オー	Y	y	イェー
			Ö	ö	（オの口で）エー	Z	z	ゼー

★母音調和

　トルコ語には、右の表のように８つの母音があり、二通りのルールによって、母音変化します。母音変化とは、前に来る語の最後の母音に合わせて、続く語の母音を変化させることです。

e, i	ü, ö
a, ı	u, o

ルール1

　たとえば名詞の複数形語尾には ler / lar があり、先行する語の最後の母音が e i ü ö の場合は ler、a ı u o の場合は lar となります。つまり、８つの母音が上の段と下の段のグループに分かれ、それぞれ e と a が代表者となると考えるといいでしょう。

〔例〕anne（母）→　anneler（母たち）　　　　baba（父）→　babalar（父たち）
　　　アンネ　　　　　アンネレル　　　　　　　　ババ　　　　　ババラル

86

ルール2

今度は日本語の「〜か？」にあたる、トルコ語の‘mi？’でみてみましょう。先行する語の最後の母音によって次のように変化します。

e,i → mi　　a,ı → mı　　ü,ö → mü　　u,o → mu

〔例〕　　　Öyle değil mi?（そうでしょう？）
　　　　　　オイレ　デェィル　ミ

　　　　　　Tamam mı?（オーケー？）
　　　　　　タマン　　　ム

　　　　　　O amca Türk mü?（あのおじさんはトルコ人か？）
　　　　　　オ　アムジャ　テュルク　ム

　　　　　　O teyze Japon mu?（あのおばさんは日本人か？）
　　　　　　オ　テイゼ　ジャポン　ム

つまり、8つの母音は上下左右4つのグループに分かれ、それぞれ下線部の母音がグループを代表する、ということです。

★子音調和

日本語でも、sake（酒）と taru（樽）が一緒になって sakadaru となるように、トルコ語にも子音調和があり、トルコ語の場合規則的できわめて簡単です。

ç,k,p,t,nk　　で終わる語に母音で始まる助詞がつくと、

↓

c,ğ,b,d,ng　　と変化します。

「私の〜」をあらわす人称語尾、im/ım/um/um を接尾すると、次のように変化します。

なかには母音調和や子音調和をしない単語（主に外来語）もいくつか存在し、辞

〔例〕　　　ağaç（木）＋ım　→ ağacım（私の木）
　　　　　　アーチ　　　　　　　アージム

　　　　　　köpek（犬）＋im　→ köpeğim（私の犬）
　　　　　　キョペッキ　　　　　キョペーイム

　　　　　　kitap（本）＋ım　→ kitabım（私の本）
　　　　　　キタップ　　　　　　キターブム

　　　　　　evlat（子）＋ım　→ evladım（私の子）
　　　　　　エヴラット　　　　　エヴラードゥム

　　　　　　renk（色）＋im　→ rengim（私の色）
　　　　　　レンキ　　　　　　　レンギム

書によってどの母音をとるのか、また子音調和の有無について注記してあります。

★人称と人称語尾

トルコ語と日本語の最大の違いは人称語尾の有無です。トルコ語の人称は次の6つ。人称語尾の変化とあわせて「日本人である」という文章でみてみましょう。

私　　　　　Ben　Japonum　　　　　私たち　　　　　Biz　Japonuz
　　　　　　ベン　ジャポヌム　　　　　　　　　　　　　ビズ　ジャポヌズ

| 君 | Sen Japonsun
セン　ジャポンスン | あなた／君たち | | Siz Japonsunuz
スィズ　ジャポンスヌズ |

| 彼／彼女／それ | O Japon
オ　ジャポン | 彼ら／彼女たち／それら | | Onlar Japonlar
オンラル　ジャポンラル |

単数	人称語尾	複数	人称語尾
一人称　Ben	im / ım / üm / um	一人称　Biz	iz / ız / üz / uz
二人称　Sen	sin / sın / sün / sun	二人称　Siz	siniz / sınız / sünüz / sunuz
三人称　O	――――	三人称　Onlar	ler / lar

　否定形は değil に人称語尾をつけた形、疑問助詞は mi / mı / mü / mu に人称語尾を
つけた形となる。

〔例〕　　肯定文　　Ben mutluyum.　（私は幸せです）
　　　　　　　　　ベン　ムトゥルユム

　　　　　疑問文　　Siz mutlu musunuz ?　（あなたは幸せですか？）
　　　　　　　　　スィズ　ムトゥル　ムスヌズ

　　　　　否定文　　Hayır, mutlu değilim.（いいえ、幸せではありません）
　　　　　　　　　ハユル　ムトゥル　ディィリム

　単複ともに、一人称の人称語尾は母音で始まるため、前に来る語も母音で始まる
ときは、介入子音 'y' をいれて、発音しやすくします。また、人称語尾で人称を表
していれば、主語を表す Ben などがなくても問題ありませんが、発音のしやすさに
応じて付けて構いません。通常、特に主語を強調させたいときに付けます。

★格語尾

　トルコ語には 6 つの格があり、それぞれに固有の格語尾があります。これらもし
つこく母音調和と子音調和のルールを守っていることをお忘れなく。

　　～は（主格）　　　　　―　　　　　　　～を（対格）(y)i / (y)ı / (y)ü / (y)u
　　～の（属格）(n)in / (n)ın / (n)ün / (n)un　　～へ（与格）(y)e / (y)a
　　～で（位格）de / da / te / ta　　　　　　　～から（奪格）den / dan / ten / tan

〔例〕　主格　　Bahar geldi.（春が来た）
　　　　　　　バハル　ゲルディ

　　　　対格　　Serkan kediyi çok seviyor.（セルカンは猫が大好きだ）
　　　　　　　セルカン　ケディイ　チョク　セヴィヨル

　　　　属格　　Tuğçe Ali'nin ablası.（トゥーチェはアリの姉だ）
　　　　　　　トゥーチェ　アリニン　アブラス

　　　　与格　　Ben Japonya'ya gitmek istiyorum.（私は日本に行きたい）
　　　　　　　ベン　ジャポンヤヤ　ギトゥメッキ　イスティヨルム

位格　Taksim meydanında buluşalım.（タクシム広場で会いましょう）
　　　タクスィム　メイダヌンダ　ブルシャルム

奪格　Kardeşim bu sabah İstanbul'dan döndü.（弟は今朝イスタンブルから戻った）
　　　カルデシム　ブ　サバフ　イスタンブルダン　ドォンドゥ

★トルコ語の語順

　トルコ語の語順についてはあまり説明することはありません。日本語で思い浮かんだように並べれば、それでいいのだから。注意しなければならない点があるとすれば、疑問形の文章で、疑問詞が入る場合は疑問助詞の mi(+ 人称語尾) は必要ない、ということ。語順が多少おかしくても、相手は考慮してくれます。文章を組み立てて喋るのではなく、喋りながら組み立てる式で、どんどん喋ってみましょう。

　例文では、トルコ語と日本語の語順がまるで同じであることがわかります。

〔例〕-Nereye gidiyorsunuz?　　　-Ekmek almaya bakkala gidiyorum.
　　　どこへ　行くのですか？　　　パンを　買いに　日用品店に　行くところです（私は）

---

nereye: どこへ　gitmek: 行く　ekmek: パン　almak: 買う、取る　bakkal: 日用品店

★ 動詞

　動詞は命。一つの動詞を知ることで、関連性のある言葉がどんどん理解できるようになります。また、時制や人称、可能・不可能を動詞の語尾で表すので、トルコ語において動詞はちょっとした難関です。全てをここで書くことはできないので、現在進行形、過去形、未来形の、それぞれ肯定形、否定形、疑問形を紹介します。

　例に使うのは、bilmek（知る）です。

　まず、トルコ語の動詞には「語幹」という部分があり、「語幹」以下の部分が変化して時制や人称を表すことになるという点を抑えてください。bilmek の語幹は 'bil' です。'mek' がついた形がいわゆる「不定形」、つまり辞書に載っている形です。

現在進行形　動詞語幹の最後の母音に合わせて、下記のように続きます。

-iyor, -ıyor, -uyor, -üyor　＋　人称語尾

bilmek の動詞語幹の最後の母音（唯一の母音でもある）は、'i' なので、当然 'iyor' が後にきます。では、人称語尾のついた肯定、否定、疑問の形を作ってみましょう。

		人称 - 人称語尾	肯定形	否定形	疑問形
単数	1	ben-um	biliyorum	bilmiyorum	biliyor muyum?
	2	sen-sun	biliyorsun	bilmiyorsun	biliyor musun?
	3	o	biliyor	bilmiyor	biliyor mu?

		人称 - 人称語尾	肯定形	否定形	疑問形
複数	1	biz-uz	biliyoruz	bilmiyoruz	biliyor muyuz?
	2	siz-sunuz	biliyorsunuz	bilmiyorsunuz	bilyor musunuz?
	3	onlar-ler,lar	biliyorlar	bilmiyorlar	biliyorlar mı?

過去形　動詞語幹の最後の母音に合わせて、下記のように続きます。

-di / ti,　-dı / tı,　-du / tu,　-dü / tü　+　人称語尾

動詞語幹が無声子音とよばれる ç,k,p,t の子音で終わっている場合は、上記の語尾のうち 't' のほうを使います。下記の通り過去形の疑問形は、肯定形に疑問助詞 mi,mı,mu,mü をつけるだけです。

		人称 - 人称語尾	肯定形	否定形	疑問形
単数	1	ben-m	bildim	bilmedim	bildim mi?
	2	sen-n	bildin	bilmedin	bildin mi?
	3	o	bildi	bilmedi	bildi mi?
複数	1	biz-k	bildik	bilmedik	bildik mi?
	2	siz-niz,nız,nuz,nüz	bildiniz	bilmediniz	bildiniz mi?
	3	onlar-ler,lar	bildiler	bilmediler	bildiler mi?

未来形　動詞語幹の最後の母音に合わせて、下記のように続きます。

-ecek, -acak　+　人称語尾

後に続く人称語尾が母音で始まる場合は最後の 'k' が 'ğ' に変化するという点に注意する必要があります。

		人称 - 人称語尾	肯定形	否定形	疑問形
単数	1	ben-im,ım	bileceğim	bilmeyeceğim	bilecek miyim?
	2	sen-sin,sın	bileceksin	bilmeyeceksin	bilecek misin?
	3	o	bilecek	bilmeyecek	bilecek mi?
複数	1	biz-ız,-iz	bileceğiz	bilmeyeceğiz	bilecek miyiz?
	2	siz-siniz, sınız	bileceksiniz	bilmeyeceksiniz	bilecek misiniz?
	3	onlar-ler,lar	bilecekler	bilmeyecekler	bilecekler mi?

第3部

日本語→トルコ語
単語集

"第3部"では約2800の単語を収録しています。
旅行者にとって必要度の高い言葉、深い内容を
話すための言葉を厳選しています。

あ行

愛......................sevgi,aşk
　愛国..............yurtseverlik
　愛妻家..........ev adamı
　愛称..............lakap
　愛人..............metres
　愛する..........sevmek
あいさつ..........selamlaşma
アイスクリーム ...dondurma
あいつ..............herif
アイデア..........fikir
空いている......açık,boş
あいにく..........ne yazık ki
アイラン..........ayran
アイロン..........ütü
会う..................karşılaşmak,görüşmek
合う..................yakışmak,uymak
青い..................mavi
青空市場..........pazar
赤い..................kırmızı
垢......................kir
あかちゃん......bebek
明るい..............aydınlık,parlak
明るい（性格）.neşeli
秋......................sonbahar,güz
あきらめる......vazgeçmek
飽きる..............(-den)bıkmak
悪......................kötülük
悪魔..................şeytan
握手..................tokalaşma
アクセサリー...aksesuar
あくび..............esneme
開ける..............açmak
上げる（上に）.kaldırmak
あげる（人に）.vermek
揚げる..............kızartmak
あご..................çene
あごひげ..........sakal
あこがれる......arzulamak
朝......................sabah
朝ご飯..............kahvaltı
嘲る..................alay etmek
あさって..........öbür gün
足......................ayak
脚......................bacak
味......................tat
　味見する......tadına bakmak
アジア..............Asya
明日..................yarın
あずける..........emanet etmek
汗......................ter
アゼルバイジャン Azerbaycan
アゼルバイジャン人 Azeri
あそこ..............orası
あそこへ..........oraya

あそこで..........orada
あそこから.......oradan
遊ぶ..................oynamak
暖かい..............ılık
暖める..............ısıtmak
アタテュルク...Atatürk
頭......................baş,kafa,akıl
　頭がいい.......akıllı
新しい..............yeni
あたり前の.......alışılmış,olağan
厚い..................kalın
暑い..................sıcak
集める..............toplamak
　集まる..........toplanmak
アッラー..........Allah
あとで..............sonra
当てる..............vurmak
穴......................delik
あなた..............sen,siz
　あなたたち...siz
　あなたの.......senin,sizin
あの..................o
　あの頃..........o zaman
　あの人..........o kişi
兄......................ağabey,abi
姉......................abla
アパート..........apartman
あぶない..........tehlikeli
油......................yağ
アフリカ..........Afrika
あまい..............tatlı
編物..................örgü
雨......................yağmur
アメリカ合衆国 ...Amerika Birleşik Devletleri
アメリカ人.......Amerikalı
あやしい..........şüpheli
あやまち..........hata
謝る..................özür dilemek,af dilemek
洗う..................yıkamak
嵐......................fırtına
アラビア語.......Arapça
アラブ人..........Arap
アリ..................karınca
ありがとう.......teşekkür ederim
あるいは..........veya,ya da
あるく..............yürümek
アルバイト.......yarım günlük(iş)
アルバニア.......Arnavutluk
アルバニア人...Arnavut
アルメニア.......Ermenistan
アルメニア人...Ermeni
あれ..................o
アレルギー.......alerji
泡......................köpük
暗記する..........ezberlemek

暗証番号..........şifre
安心..................rahatlama
あんず..............kayısı
安全..................güvenlik
案内する..........rehberlik yapmak
胃......................mide
いい..................iyi
いいかげんに...rasgele
いいえ..............hayır
言い訳..............bahane
言う..................söylemek,demek
家......................ev
イカ..................kalamar,mürekkepbalığı
～以外..............hariç
～行き..............(-ye) giden
イギリス..........İngiltere
イギリス人.......İngiliz
生きる..............yaşamak
行く..................gitmek
いくつ..............kaç tane
いくら..............kaç para,ne kadar
池......................gölcük
意見..................görüş,düşünce,fikir
石......................taş
維持する..........devam ettirmek
医者..................doktor
イスラエル.......İsrail
イスラーム.......İslam
　イスラム教徒 ...Müslüman
異性..................karşı cins
遺跡..................kalıntı
移籍..................transfer
いそがしい.......meşgul
いそぐ..............acele etmek
偉大..................büyük,ulu
いたずら..........yaramaz
炒める..............kızartmak
イタリア..........İtalya
イタリア人.......İtalyan
イタリアンパセリ maydanoz
1........................bir
　1月...............Ocak
　1日...............bir gün
　1日おき.......iki günde bir
イチゴ..............çilek
イチジク..........incir
いちばん..........birinci
胃腸薬..............bağırsak ilacı
1回...................bir kere,bir defa
1階...................giriş katı,zemin katı
1週間...............bir hafta
いっしょ（に）.beraber
一生..................yaşam boyu
一生懸命..........tüm gücüyle
一等（席）.......birinci mevki
いっぱい..........çok

一般的に	genellikle
いつ	ne zaman
いつも	her zaman
糸	ip
犬	köpek
居眠り	şekerleme
命	yaşam,can,ömür
いのる	dua etmek
いばる	kibirli olmak
違反	ihlal
違法の	yasa dışı
今	şimdi
今のところ	şimdilik
居間	salon
意味	anlam,mana
移民する	göç etmek
E メール	e-mail
妹	küçük kız kardeş
嫌になる	nefret etmek
イヤリング	küpe
イライラする	sinirlenmek
イラク	Irak
イラク人	Iraklı
いらっしゃい	hoşgeldiniz
イラン	İran
イラン人	İranlı
入り口	giriş
要る	gerekmek
居る	bulunmak
入れる	içine koymak,içeriye almak
色	renk
いろいろな	çeşitli
いわう	kutlamak
イワシ	hamsi,sardalye
いんげん豆	fasulye
印刷する	basmak
印象	izlenim
引退する	emekli olmak
インターネット	internet
インド	Hindistan
インド人	Hintli
インフルエンザ	grip
インフレ	enflasyon
インポテンツ	iktidarsızlık
飲料水	içme suyu
ウイスキー	viski
上	üzeri,yukarı,üst
ウエイター	garson
うおのめ	nasır
うがい薬	gargara ilacı
浮かぶ	yüzmek
受付	danışma
受け取る	almak
うさぎ	tavşan
牛	inek (メス),dana (オス)
うしなう	kaybetmek

後ろ	arka,geri
うすい（厚さ）	ince
うすい（濃さ）	açık
うそ	yalan
うそつき	yalancı
うそをつく	yalan söylemek
歌	şarkı
歌う	şarkı söylemek
疑う	kuşkulanmak
宇宙	uzay
打つ（楽器を）	çalmak
打つ（物、人を）	vurmak
移す	geçirmek
うつ病	depresyon
腕	kol
腕時計	kol saati
訴える	dava açmak
うなじ	ense
馬	at
上手い	güzel
生まれる	doğmak
海	deniz
産む	doğurmak
裏	arka,ters
裏切る	ihanet etmek,aldatmak
占い	fal
うらみ	kin
うらやましく思う	kıskanmak
売り切れ	kalmadı,tükendi
売り物	satılık
売り子	satıcı
得る	elde etmek
売る	satmak
ウール	yün
うるさい	gürültülü
うれしい	sevinçli
浮気する	ihanet etmek,aldatmak
噂	dedikodu
噂好きの人	dedikoducu
運	kader,şans
運がいい	şanslı
うんざりする	(-den)bıkmak
うんちをする	kaka yapmak
運賃	taşıma bedeli
運転する	araba kullanmak
運転手	şoför
運転免許証	araba ehliyeti
運動する	spor yapmak
絵	resim
絵をかく	resim yapmak
柄	sap
エアコン	klima
映画	film
映画館	sinema
永遠	sonsuzluk

影響	etki
英語	İngilizce
エイズ	AİDS
衛星	uydu
英雄	kahraman
栄養	besin
駅	istasyon
えくぼ	gamze
エジプト	Mısır
エジプト人	Mısırlı
エジプト豆	leblebi
エスカレーター	yürüyen merdiven
エステサロン	estetik salonu
絵はがき	kartpostal
絵本	resimli kitap
エビ	karides
エメラルド	zümrüt
えらい	önemli,büyük
選ぶ	seçmek
エリ（襟）	yaka
得る	almak,elde etmek
延期する	ertelemek
エンジ色	bordo
エンジニア	mühendis
援助する	yardım etmek
炎症	iltihap
エンジン	motor
延長する	ertelemek
エンピツ	kurşunkalem
遠慮する	çekinmek
おいしい	lezzetli
王	kral
王子	prens
王女	kraliçe
追う	kovalamak
応接間	misafir odası
往復	gidiş dönüş
往復切符	gidiş dönüş bilet
多い	çok
大きい	büyük,kocaman
大きさ	büyüklük
おおげさ	abartma
丘	tepe
おカネ	para
おがむ	tapmak
起きる	kalkmak
置く	koymak,bırakmak
送る	göndermek
贈る	hediye vermek
おくれる	geç kalmak
起こす	kaldırmak
おこなう	yapmak,etmek
怒る	kızmak
おじ（父方）	amca
おじ（母方）	dayı
おしゃべりな	konuşkan

オシャレ	moda	
教える	öğretmek	
おしっこ	çiş	
おしぼり	ıslak peçete	
押す	basmak,itmek	
オス	erkek	
オーストリア	Avusturya	
オーストリア人	Avusturyalı	
おそい	geç	
落ちる	düşmek	
おちんちん	penis,pipi	
夫	koca,eş	
おつり	para üstü	
音	ses	
弟	küçük kardeş	
おとぎばなし	masal	
男	erkek	
男の子	çocuk,erkek çocuğu	
落とす	düşürmek	
落とし物	kayıp eşya	
脅す	korkutmak	
訪れる	ziyaret etmek	
おととい	evvelki gün	
おとな	yetişkin kişi	
おとなしい	sessiz,usulu	
オートバイ	motosiklet	
踊る	dans etmek	
踊り	dans	
おどろく	şaşırmak	
お腹	karın	
お腹が一杯	doymak	
お腹がすく	karnı acıkmak	
同じ	aynı	
おなら	gaz	
オナニー	masturbasyon	
おば（父方）	hala	
おば（母方）	teyze	
オバケ	hayalet	
覚えている	hatırlamak	
おまえ	sen	
おめでとう	Kutlu olsun,Tebrikler	
重い	ağır	
重さ	ağırlık	
思う	düşünmek,sanmak	
思い出す	hatırlamak	
思い出させる	hatırlatmak	
思い出	hatıra	
おもしろい	ilginç	
おもちゃ	oyuncak	
表	yüzey	
おやすみなさい	iyi geceler	
親指	başparmak	
泳ぐ	yüzmek	
およそ～	aşağı yukarı	
オランダ	Hollanda	
オランダ人	Hollandalı	

オリーブ	zeytin	
オリーブ油	zeytinyağı	
織物	kumaş	
降りる	inmek	
オリンピック	olimpiyat	
折る	katlamak,kılmak	
俺	ben	
オレガノ	kekik	
オレンジ	portakal	
オレンジ色	portakal rengi	
おろす（すりがねで）	rendelemek	
終わる	bitmek	
終わらせる	bitirmek	
終わり	son	
音楽	müzik	
恩恵	fayda,yarar	
温泉	ılıca,kaplıca	
温度	derece	
女	kadın	
女の子	kız	

か行

蚊	sivrisinek	
～か…か	ya ～ ,ya…	
貝	deniz kabukları	
～階	kat	
～回	defa,kere	
会員	üye	
外貨	döviz	
海岸	deniz sahili	
会議	toplantı	
海軍	donanma	
会計	kasa,hesap	
解決する	çözmek	
戒厳令	sıkıyönetim	
外交	dışişleri	
外交官	diplomat	
外国	yabancı ülke	
外国語	yabanci dil	
外国人	yabancı	
外国製	yabancı malı	
改札口	bilet gişesi	
会社	şirket	
会社員	şirket elemanı	
海賊	korsan	
階段	merdiven	
懐中電灯	el feneri	
ガイド	rehber	
ガイドブック	rehber kitabı	
回復する	iyileşmek	
解放する	kurtarmak	
解放される	kurtulmak	
開放する	açmak	
開放的な	açık	
外務省	Dışisleri Bakanlığı	
買い物	alışveriş	

潰瘍	ülser	
会話	konuşma	
買う	satın almak	
返す	geri vermek	
カエル	kurbağa	
変える	değiştirmek	
帰る	dönmek	
顔	yüz	
顔を洗う	yüz yıkamak	
香り	koku	
いい香り	güzel koku	
画家	ressam	
科学	fen	
化学	kimya	
かかと	topuk	
鏡	ayna	
カギ	anahtar	
カギをかける	kilitlemek	
かきまぜる	karıştırmak	
書く	yazmak	
家具	mobilya	
確実な	emin	
確信する	emin olmak	
かくす	saklamak	
学生	öğrenci	
核爆発	nükleer patlama	
学部	fakülte	
革命	devrim,inkılap	
かくれる	saklanmak	
かくす	saklamak	
影	gölge	
影絵芝居	karagöz	
崖	uçurum	
掛ける	asmak,çarpmak	
賭ける	riske sokmak	
賭けごと	kumar	
過去	geçmiş	
カゴ	sepet	
カサ	şemsiye	
火山	yanardağ	
菓子	pasta	
歌詞	şarkı sözü	
家事	ev işleri	
火事	yangın	
かしこい	zeki,akıllı	
カジノ	gazino	
貸家	kiralık ev	
歌手	şarkıcı	
果樹園	bağ	
貸す	ödünç vermek	
数	sayı	
ガス	gaz	
風	rüzgar	
風邪	soğuk	
火星	Mars	
カセットテープ	kaset	

数える	saymak	
家族	aile	
ガソリン	benzin	
ガソリンスタンド	benzin istasyonu	
肩	omuz	
肩こり	kulunç	
硬い	sert	
形	şekil,biçim	
かたづける	toplamak,düzenlemek	
かたつむり	salyangoz	
片道	tek yol	
片道切符	gidiş bilet	
語る	konuşmak	
価値がある	değerli	
家畜	evcil hayvan	
勝つ	kazanmak,yenmek	
楽器	çalgı	
カッコイイ	yakışıklı	
学校	okul	
合唱	koro	
勝手な	bencil	
活発な	hareketli	
割礼	sünnet	
仮定する	varsaymak	
家庭	ev,aile	
カーテン	perde	
カード	kart	
カトリック	Katolik	
悲しい	üzügün	
必ず	kesinlikle	
カニ	yengeç	
カネ（money）	para	
金持ち	zengin	
可能な	mümkün	
彼女	o,o kız,o kadın	
カバー	örtü	
カバン	çanta	
カビ	küf	
株式会社	anonim şirket(AŞ)	
壁	duvar	
カボチャ	kabak	
我慢する	dayanmak	
紙	kağıt	
髪	saç	
神	tanrı	
女神	tanrıça	
カミソリ	jilet	
雷	yıldırım	
噛む	çiğnemek,ısırmak	
亀	kaplumbağa	
瓶（カメ）	testi	
カメラ	fotoğraf makinesi	
カメラマン	fotoğrafçı	
仮面	maske	
鴨	ördek	
かゆみ	kaşıntı	
火曜日	salı	
カラーフィルム	renkli film	
辛い	acı	
ガラス	cam	
からだ	beden,vücut	
カリフラワー	karnıbahar	
借りる	ödünç almak	
過労	aşırı yorgunluk	
軽い	hafif	
彼	o	
彼ら	onlar	
カレー	köri	
カレンダー	takvim	
革	deri	
川	ırmak,nehir	
かわいい	sevimli	
かわいそう	zavallı	
渇く	susamak	
乾く	kurumak	
乾かす	kurutmak	
変わる	değişmek	
代わる	yerini almak	
ガン	kanser	
肝炎	hepatit	
眼科医	göz doktoru	
（〜に）関する	hakkında	
考える	düşünmek	
考え	düşünce	
感覚	duygu	
観客	seyirci	
環境	çevre,etraf	
頑固	sert	
缶づめ	konserve	
缶きり	konserve açacağı	
関係	ilişki	
観光	turizm	
観光客	turist	
観光地	turistik bir yer	
韓国	Kore	
韓国人	Koreli	
看護婦	hemşire	
感謝する	teşekkür etmek	
患者	hasta	
感情	duygu	
勘定する	hesaplamak	
感心する	hayran olmak	
関税	gümrük	
肝臓	karaciğer	
感想	düşünce	
乾燥した	kuru	
簡単	kolay	
監督	kontrol	
（チームの）監督	teknik direktör	
（映画）監督	yönetmen	
乾杯	şerefe	
がんばる	uğraşmak	
がんばれ！	Dayan!	
看板	tabela	
甲板	güverte	
缶ビール	kutu bira	
漢方薬	Çin ilaçları	
管理	idare	
管理人	kapıcı	
完了する	tamamlamak	
木	ağaç	
気が合う	uyuşmak	
気が大きい	hoşgörülü	
気が重い	sıkıntılı	
気が狂う	delirmek	
気が小さい	korkak	
気が遠くなる	boş boş bakmak	
気が長い	sabırlı	
気が短い	sabırsız	
気が楽になる	rahatlamak	
気に入る	hoşuna gitmek	
気にしない	aldırmamak	
気になる	merak etmek	
気を失う	bayılmak	
気をつける	dikkat etmek	
黄色	sarı	
消える	sönmek	
記憶	hatır	
気温	ısı,sıcaklık	
機械	makine	
機会	fırsat	
着替える	üstünü değiştirmek	
期間	süre	
気管支炎	bronşit	
危機	kriz	
聞く	duymak,işitmek	
聴く	dinlemek	
効く	etkili olmak	
機嫌がいい	keyifli	
機嫌が悪い	keyifsiz	
気候	iklim	
既婚	evli	
記事	makale	
技術	teknik	
キス	öpücük	
傷	yara	
傷つける	yaralamak	
傷つく	yaralanmak	
気づく	farkına varmak	
基礎	esas,temel	
規則	kural	
犠牲	kurban	
犠牲祭	Kurban Bayramı	
寄生虫	asalak	
奇跡	mucize	
季節	mevsim	
北	kuzey	
ギター	gitar	

期待する ....beklemek	行儀が悪い ...yaramaz	腐る ....çürümek
きたない ....pis,kirli	教会 ....kilise	腐った ....çürük,çürümüş
基地（軍隊）.....üs	境界 ....hudut	くし（串）.......şiş
貴重品..............değerli eşya	教科書.............ders kitabı	くし（櫛）.......tarak
きつい..............dar,sıkı	教室 ....sınıf	苦情を言う......şikayet etmek
喫煙室.............sigara içme salonu	競技場.............stadyum	くすぐったい...gıdıklı
喫茶店.............pastane	狂犬病.............kuduz	薬.................ilaç
切手 ....pul	共産主義 ....komünizm	薬屋.............eczane
きつね..............tilki	教師 ....öğretmen	くすり指 ....yüzükparmağı
記入する ....doldurmak	競争 ....yarışma	癖 ....alışkanlık
絹 ....ipek	兄弟 ....kardeş	具体的な ....somut
記念 ....anı,hatıra	教団（イスラムの）tarikat	抽象的な ....soyut
記念写真......hatıra fotoğrafı	郷土料理 ....yöresel yemekler	くだもの ....meyve
記念碑 ....anıt	興味がある......ilgilenmek	くだらない......alçak
昨日 ....dün	教養 ....terbiye	口................ağız
きのこ..............mantar	脅迫する ....tehdit etmek	くちびる ....dudak
きびしい ....sert,keskin	協力する ....dayanışma	口紅 ....ruj
寄付する ....bağışlamak	共和国 ....cumhuriyet	靴 ....ayakkabı
キプロス ....Kıbrıs	許可 ....izin	靴屋.............ayakkabıcı
気分がいい...kendini iyi hissetmek	去年 ....geçen yıl	クッキー ....kurabiye
気分が悪い...kendini kötü hissetmek	距離 ....mesafe,uzaklık	くつした ....çorap
希望する ....istemek	きらう ....nefret etmek	くっつく ....yapışmak
キーボード......klavye	霧 ....sis	くっつける ...yapıştırmak
奇妙な ....acayip	ギリシャ ....Yunanistan	口説く ....ikna etmek
義務 ....görev	ギリシャ人......Yunanlı,Rum	国................memleket,ülke,yurt
義務教育......zorunlu öğrenim	キリスト教......Hristiyanlık	国家 ....devlet
君 ....sen	切る ....kesmek	国番号（国際電話）.ülke kodu
君の ....senin	着る ....giymek	首................boyun
決める ....karar vermek	着ている......giyinmek	首になる（解雇）.işten kovulmak
疑問 ....soru	きれいな ....güzel,temiz	区別する ....ayırmak
客..................misafir,konuk	キログラム......kirogram	熊 ....ayı
(商売上の) 客.müşteri	キロメートル...kilometre	クモ ....örüncek
虐待 ....zülüm	金 ....altın	雲 ....bulut
逆の ....ters	純金.............saf altın	くもり.............bulutlu
キャビア ....siyah havyar	銀 ....gümüş	クーラー ....klima
キャベツ ....lahana	禁煙 ....sigara içilmez	暗い................karanlık
キャッシュカード ..bankamatik kartı	近視 ....miyop	暮らす ....yaşamak
キャンセルする..iptal etmek	遠視.............hipermetrop	クラスメート...sınıf arkadaşı
キャンペーン ...kampanya	緊急 ....acil	クラシック音楽 ...klasik müzik
9 ....dokuz	銀行 ....banka	比べる ....karşılaştırmak
休暇 ....tatil	禁止 ....yasak	グラム.............gram
救急車.............ambülans	緊張する ....gerginleşmek	栗................kestane
休憩 ....dinlenme	筋肉 ....kas	くり返す ....tekrarlamak
急行列車..........ekspres tren	金髪 ....sarışın	くり返して！...Tekrarla!
休日 ....tatil	勤勉な ....çalışkan	クリスマス.......Noel
旧跡 ....tarihi bölgeler	金曜日.............cuma	クリーニング ...kuru temizleme
急性の痛み......ani ağrı	区 ....mahalle	来る ....gelmek
宮殿 ....saray	空気 ....hava	狂う ....delirmek
牛肉 ....dana eti	空港 ....havaalanı,havalimanı	クルド人 ....Kürt
牛乳 ....süt	空港税 ....hamalimanı vergisi	クレジットカード.kredi kartı
急用 ....acil bir iş	偶然 ....rastlantı	ぐれる ....kötü yola sapmak
キュウリ ....salatalık	クーデター......darbe	黒い ....kara,siyah
給料 ....maaş	9月 ....Eylül	苦労する ....zorluk çekmek
今日 ....bugün	クギ ....çivi	加える ....katmak,ilave etmek
教育 ....eğitim	草................ot	加わる ....katılmak
行儀がいい.......usulu	くさい.............kötü kokulu	くわしい ....detaylı

軍	ordu	
軍人	asker	
郡	ilçe,kaymakamlık	
毛	yün,tüy,kıl	
経営する	işletmek	
計画	plan,tasarı	
景気	ekonomik eğilim	
経験	deneyim	
経験のある	deneyimli	
敬虔な	dindar	
経済	iktisat,ekonomi	
経済危機	ekonomik kriz	
経済成長	ekonomik kalkınma	
警察	polis,emniyet	
警察官	polis memuru	
警察署	karakol	
刑事	detektif	
計算する	hesaplamak	
芸術	sanat	
芸術家	sanatçı	
芸術品	sanat eseri	
携帯電話	cep telefonu	
競馬	at yarışı	
経費	masraf,gider	
軽べつする	aşağı görmek	
刑務所	cezaevi,hapishane	
契約	sözleşme	
ケイレン	kramp	
ケガ	yara	
外科医	cerrah	
毛皮	kürk	
ケーキ	kek	
劇	oyun	
劇場	tiyatro	
今朝	bu sabah	
景色	manzara	
消しゴム	silgi	
化粧	makyaj	
化粧品	makyaj malzemesi	
消す	silmek	
けち	cimri	
ケチャップ	ketçap	
血圧	tansiyon	
血液型	kan gurubu	
結果	sonuç	
結局	sonuç olarak	
結核	verem	
月経	adet,aybaşı	
結婚する	evlenmek	
結婚式	nikah	
披露宴	düğün	
結婚記念日	evlilik yıldönümü	
決心	karar	
決断する	karar vermek	
欠点	hata,kusur	
ゲップ	geğirme	

月賦	taksit	
月曜日	pazartesi	
解熱剤	ateş düşürücü	
ゲーム	oyun	
けむり	duman	
下痢をする	ishal olmak	
下痢どめ	ishal ilacı	
ける	tepmek	
県	il	
原因	neden,sebep	
ケンカする	kavga etmek	
見学する	gezmek	
元気	sağlıklı,dinç	
元気ですか？	...Nasılsınız?	
研究する	araştırmak	
言語	dil,lisan	
外国語	yabancı dil	
健康	sağlık	
現在	şimdiki zaman	
検査	kontrol	
原子力	atom enerjisi	
原子爆弾	atom bombası	
原子力発電所	nükleer santralı	
現像	banyo	
建築	inşaat	
建築家	mimar	
現地の	yöresel	
憲法	anayasa	
権利	hakkı	
人権	insan hakları	
原料	hammadde	
5	beş	
5月	Mayıs	
濃い	koyu	
恋	sevgi,aşk	
恋しく思う	özlemek	
恋する	aşık olmak	
恋人	sevgili	
故意の	maksatlı	
行為	hareket,davranış	
幸運	kısmet,şans	
公園	park	
効果的な	etkili	
豪華な	şahane	
硬貨	bozuk para	
後悔する	pişman olmak	
合格	başarı	
交換する	değiştirmek	
睾丸	taşak（俗）	
好奇心	merak	
抗議する	itiraz etmek,protesto etmek	
工業	sanayi	
航空券	uçak bileti	
航空会社	uçak şirketi	
航空便	uçak postası,uçak ile	
高血圧	yüksek tansiyon	

高原	yayla	
高校	lise	
広告	reklam	
口座	banka hesabı	
口座番号	hesap numarası	
交差点	kavşak,dörtyol	
工事	inşaat	
交渉する	danışmak	
工場	fabrika	
香辛料	baharat	
香水	parfüm	
洪水	sel	
抗生物質	antibiyotik	
高速道路	otoban	
紅茶	çay	
交通	trafik	
交通事故	trafik kazası	
強盗	soygunculuk	
幸福	mutluluk	
興奮する	heyecanlanmak	
公平な	tarafsız	
候補	aday	
合法的な	yasal	
公務員	devlet memuru	
肛門	anüs	
声	ses	
越える	geçmek	
氷	buz	
こおる	donmak	
誤解する	yanlış anlamak	
小切手	çek	
ゴキブリ	hamamböceği	
故郷	memleket	
国外の	dış	
国際電話	uluslararası telefon	
黒人	zenci	
国籍	vatandaşlık	
国民	millet	
国連	Birleşmiş Milletler(BM)	
こけ	yosun	
国立公園	milli park	
こげる	yanmak	
ここ	burası	
ここへ	buraya	
ここで	burada	
ここから	buradan	
午後	öğleden sonra	
心	can,gönül,kalp	
腰	bel	
乞食	dilenci	
コショウ	biber	
故障	arıza	
個人	birey	
個人の	bireysel	
小銭	bozuk para	
午前	öğleden önce	

くん→こせ

答え ....cevap,yanıt
国家 ....devlet
国歌 ....milli marş
国会 ....meclis
国会議員 ....milletvekili
国旗 ....milli bayrak
国境 ....sınır,hudut
コック.................aşçi
骨折 ....kemik kırılması
小包 ....paket
コップ ....bardak
孤独 ....yalnızlık
今年 ....bu sene,bu yıl
ことば.................dil,kelime,söz
こども.................çocuk
　こどもっぽい ...çocuksu
ことわざ ....atasözü
ことわる ....reddetmek
この ....bunun
　このくらい...bu kadar
　このように...böyle
このごろ ....bugünlerde
このへんに.........buralarda
ごはん.................yemek
コーヒー.................kahve
コピー.................fotokopi
仔羊 ....kuzu
ゴミ ....çöp
　ゴミ箱.................çöp kutusu
小麦 ....buğday
小麦粉.................un
米.................pirinç
ごめんなさい...Özür dilerim
小指 ....serçeparmak
コーラン ....Kuran
ゴルフ.................golf
これ ....bu
殺す ....öldürmek
ころぶ.................düşmek
こわい.................korkunç
こわがる ....korkmak
こわがらせる ...korkutmak
こわす.................bozmak
　こわれる.................bozulmak
紺色 ....lacivert
今回 ....bu sefer,bu defa
今月 ....bu ay
混血の.................melez
混雑 ....kalabalık
コンサート.........konser
今週.................bu hafta
コンセント.................piriz
コンタクトレンズlens
今度（今回）.....bu sefer,bu defa
　（次回）.......bir daha ki sefer
コンドーム.......prezervatif

こんにちは.......merhaba
今晩 ....bu akşam
今夜 ....bu gece
コンピューター ...bilgisayar
婚約する ....nişanlanmak
困惑する ....şaşırmak

さ行

再会する ....tekrar görüşmek
差がある ....farklı
差がない ....farksız
災害 ....felaket
最近 ....son zaman
細菌 ....mikrop
最後の.................son
最高の（量）.....en çok
最高の（高低）.en yüksek
サイコー！.......Çok güzel!,Harika!
サイコロ.........zar
祭日 ....bayram
最初に.................ilk önce
最初の.................ilk
最小の（量）.....en az
最小（大きさ）の en küçük
最新の.................en yeni
最上の.................en iyi
サイズ.................beden,büyüklük
最大の.................en büyük
最低の（量）.....en az
才能 ....kabiliyet
再発行.............yeniden çıkarma
裁判 ....yalgılama
裁判所.............mahkeme
サイフ.................cüzdan
材料 ....malzeme
サイン.................imza
坂 ....yokuş
探す ....aramak
魚 ....balık
昨晩 ....dün akşam
サクラ.................kiraz çiçeği
柘榴.................nar
酒.................içki
さけぶ.................bağırmak
避ける.................önlemek,kaçmak
些細な.................ufak
支え ....destek
差出人.................gönderen
刺身 ....çiğ balık
指す ....işaret etmek
座席 ....yer
させる.................yaptırmak
さそう.................davet etmek
撮影する ....fotoğraf çekmek
作家 ....yazar
サッカー ....futbol

さっき.............biraz önce
雑誌 ....dergi
砂糖 ....şeker
砂糖祭.............Şeker Bayramı
砂漠 ....çöl
サービス料.......servis ücreti
さむい.................soğuk
さめる.................soğumak
皿 ....tabak
サラダ.................salata
さらに、.........üstelik, bir de
サル.................maymun
さわる.................dokunmak
3 ....üç
　3月.............Mart
三角 ....üçgen
サンゴ.................mercan
サンダル ....sandal
サンタクロース ...Noel baba
サンドイッチ...sandviç
3等 ....üçüncü
残念に思う.......üzülmek
散髪する ....tıraş olmak
散歩する ....gezmek
死.................ölüm
市.................şehir, kent, belediye
詩.................şiir
試合 ....maç, yarışma
シーア派.........Şiî
しあわせな.......mutlu
寺院 ....tapınak
塩.................tuz
しおからい.......tuzlu
市外局番.........şehirlerarası telefon kodu
鹿.................geyik
四角 ....dörtgen
しかし.............ama,fakat
4月 ....Nisan
しかる.............azarlamak
時間 ....zaman,saat,vakit
四季 ....dört mevsim
子宮 ....rahim
死刑 ....idam,ölüm cezası
試験 ....sınav
資源 ....servet,doğal zenginlik
事件 ....olay
事故 ....kaza
地獄 ....cehennem
時刻表.............hareket tablosu
仕事 ....emek,iş
辞書 ....sözlük
時差 ....saat farkı
自殺 ....intihar
思春期.............ergenlik çağı
辞職 ....istifa
詩人 ....şair

地震	deprem	島	ada	宿題	ödev
しずかな	sakin	姉妹	kız kardeş	宿泊客（宿）	müşteri
しずむ	batmak,çökmek	しまう	koymak,saklamak	（家）	misafir
史跡	tarihi yer	自慢する	övünmek	手術	ameliyat
施設	kuruluş,tesis	染み	leke	首相	başbakan
自然	doğa	市民	halk	ジュース	sebze suyu,meyve suyu
慈善	hayır,sadaka	事務所	büro	出血	kanama
子孫	torunlar	氏名	ad,isim	出国	çıkış
舌	dil	しめった	ıslak	出国カード	çıkış kartı
下	alt,aşağı	閉める	kapatmak	出席	huzur
時代	çağ,devir	地面	toprak	出産	doğum
時代遅れ	demode	シャーベット	şerbet	出版	yayım
下着屋	iç çamaşırı	社会	toplum	出版社	yayınevi, yayımcılık
仕立屋	terzi	社会主義	sosyalizm	首都	başkent
7	yedi	ジャガイモ	patates	主婦	ev kadını,ev hanımı
7月	Temmuz	市役所	belediye başkanlığı	趣味	hobi,zevk
七面鳥	hindi	邪視	nazar	寿命	ömür
シーツ	çarşaf	車掌	kondüktör	種類	cins,çeşit
実業家（男）	iş adamı	写真	resim,fotoğraf	順序	sıra
実業家（女）	iş kadını	写真家	fotoğrafçı	純粋な	saf
失業	işsizlik	写真屋	fotoğrafçı	準備	hazırlık
しつこい	inatçı	ジャスミン	yasemin	準備する	hazırlamak
実際	gerçek	ジャズ	caz	巡礼	hac
失神する	bayılmak	射精	boşalma	巡礼者	hacı
嫉妬	kıskançlık	社長	patron	省	bakanlık
嫉妬する	kıskanmak	シャツ	gömlek	賞	ödül
湿度	nem	しゃっくり	hıçkırık	ショーウインドウ	vitrin
失敗	başarsızlık	借金	borç	紹介する	tanıtmak, tanıştırmak
失望	hayal kırıklığı	シャッター	kepenk	小学校	ilkokul
湿布	kompres	ジャーナリスト	gazeteci	乗客	yolcu
質問	soru	じゃまをする	engellemek	条件	şart,koşul
失礼	kabalık,terbiyesizlik	ジャム	reçel	証言	ifade
支店	şube	シャワー	duş	証拠	delil
CD	CD	シャンプー	şampuan	正午	öğle
自転車	bisiklet	週	hafta	正直な	dürüst
自動	otomatik	自由	özgürlük	少女	kız
自動車	araba,otomobil	10	on	少数民族	azınlık
自動販売機	otomatik satış makinesi	10月	Ekim	小説	roman
市内観光	şehir turu	11月	Kasım	小説家	romancı
市内地図	şehir haritası	12月	Aralık	招待	davet
死ぬ	ölmek	習慣	adet	じょうだん	şaka
支配する	yönetmek	週刊誌	haftalık dergi	使用中	meşgul
支配人	müdür,yönetmen	宗教	din	証人	şahit,tanık
しばしば	sık sık	修士課程	mastır	商人	tüccar
支払う	ödemek	住所	adres	少年	erkek çocuk
しばる	bağlamak	渋滞	trafik	商品	mal
耳鼻咽喉科	kulak burun boğaz doktoru	重態	ciddi durum	賞品	ikramiye
しびれ	uyuşukluk	重態の	koma	上品な	kibar
ジプシー	Çingene	集中力	konsantrasyon	じょうぶな	sağlam
自分	kendi	収入	gelir	城壁	sur
紙幣	banknot, kağıt para	充分な	yeter	小便をする	çiş yapmak
脂肪	yağ	重要な	önemli	情報	haber
しぼる	sıkmak	週末	hafta sonu	消防車	itfaiye arabası
資本	sermaye	重役	müdür	賞味期限	son kullanma tarihi
資本家	sermayeci	修理する	tamir etmek	証明	ispat
資本主義	kapitalizm	授業	ders	照明	ışık

正面 ....ön taraf	親切 ....nazik	スパゲッティー ...makarna
条約 ....antlaşma	新鮮 ....taze	スピード ....hız
しょうゆ ....soyasosu	心臓 ....kalp,yürek	スープ ....çorba
将来 ....gelecek	腎臓 ....böbrek	スプーン ....kaşık
勝利 ....galibiyet	寝台車............yataklı vagon	スペイン ....İspanya
初心者 ....acemi	身体障害者........özürlü, sakat	スペイン人.......İspanyol
職業 ....meslek	身長 ....boy	すべて ....bütün
食事 ....yemek	慎重な.............dikkatli	すべる ....kaymak
食堂 ....lokanta	心配する ....merak etmek	スポーツ ....spor
食堂車 ....yemekli vagon	神父 ....papaz	ズボン ....pantolon
職人 ....usta	新聞 ....gazete	すみません.......Affedersiniz
植物 ....bitki	人望のある......herkesçe sevilen	炭 ....kömür
植物園 ....bitki bahçesi	じんましん.......kurdeşen	住む ....oturmak, kalmak
植民地 ....sömürge	親友 ....dost	スラム ....gecekondu
食欲 ....iştah	酢 ....sirke	スリ ....yankesici
処女 ....bakire	巣 ....yuva	スリッパ ....terlik
女性 ....kadın	水泳 ....yüzme	ずるい ....kurnaz
女性器 ....kadınlık organı	すいか.............karpuz	するどい ....keskin
所得税 ....gelir vergisi	推薦 ....tavsiye etme	すわる ....oturmak
署名 ....imza	スイス.............İsviçre	寸法 ....ölçü
地雷 ....mayın	スイス人 ....İsviçreli	スンニー派........Sünni
書類 ....belge	垂直な.............dikey	性 ....cinsiyet
知らせる ....bildirmek	スイッチ ....düğme	誠意 ....samimiyet
しらべる ....araştırmak	水道水.............çeşme suyu	性格 ....huy,karakter
しらみ ....bit	水平な.............yatay	正確な.............doğru
尻 ....kalça	睡眠 ....uyku	生活 ....hayat
シリア.............Suriye	水曜日 ....çarşamba	生活水準 .....yaşam standardı
シリア人 ....Suriyeli	吸う ....emmek,içmek	生活費 ....aylık gider
私立 ....özel	数学 ....matematik	世紀 ....asır,yüzyıl
私立学校......özel okul	数字 ....sayı	正義 ....adalet
知る ....bilmek	スカート ....etek	請求する ....talep etmek
知っている ...biliyor	スカーフ ....eşarp,başörtü	請求書 ....fatura
知らない.......bilmiyor	スキー..............kayak	税金 ....vergi
白.....................beyaz,ak	すぐに..............hemen	整形外科医........plastik cerrah
白チーズ ....beyaz peynir	救う ....kurtarmak	政権 ....hükümet
城.....................kale, şato	少なくとも ......hiç olmazsa, en azından	清潔な.............temiz
神経 ....sinir	スケート ....patinaj	性交 ....sevişme
神経質な......sinirli	すこし..............biraz	成功する ....başarmak, beceremek
信仰 ....inanç	すずしい ....serin	生産 ....üretmek
信号 ....ışık	スター..............yıldız	政治 ....siyaset,politika
人口 ....nüfus	スチュワーデス ...hostes	政治家 ....siyasetçi,politikaci
人工の.............yapay	スーツ..............takım elbise	青春 ....gençlik
申告 ....beyan	頭痛 ....baş ağrısı	精神 ....ruh
深刻 ....ciddi	スーツケース ...bavul, valiz	精神病院........akıl hastanesi
新婚夫婦 ....yeni evli	ずっと.............hep	成績 ....not
新婚旅行......balayı	すっぱい ....ekşi	製造する ....imal etmek
診察 ....muayene	ステーキ ....biftek	製造業 ....imalat sanayi
寝室 ....yatak odası	すてる ....atmak	成長する ....büyümek
真実 ....gerçek	ストーブ ....soba	性的差別 ....cinsiyet ayrımcılığı
真珠 ....inci	ストライキ ......grev	生徒 ....öğrenci,talebe
人種 ....ırk	砂 ....kum	政党 ....siyasi parti
人種差別......ırkçılık	素直 ....itaatlı	青年 ....delikanlı
信じる ....inanmak	スニーカー ......lastik ayakkabı, spor ayakkabı	生年月日 ....doğum günü
ジーンズ ....kot pantolon	スパイ ....casus	性病 ....cinsel hastalık
申請 ....müracaat	スーパーマーケットsüpermarket	政府 ....devlet,hükümet
親戚 ....akraba	すばらしい........güzel,harika	制服 ....üniforma

生命 ....can,hayat
西洋 ....batı,garp
　西洋人 ....batılı
生物学 ....biyoloji
生理 ....adet, aybaşı
生理用品 ....aybaşı bezi
背負う ....sırtlamak
世界 ....dünya
席 ....mevki
咳 ....öksürük
赤新月社（イスラム圏）Kızılay
赤十字社 ....Kızılhaç
石炭 ....taş kömürü
責任がある ......sorumlu
赤面する ....kızarmak
石油 ....petrol
赤痢 ....dizanteri
セクハラ ....cinsel taciz
セーター ....kazak
石灰 ....kireç
積極的な ....aktif
セックス ....seks
セッケン ....sabun
接続 ....bağlantı
絶対に ....mutlaka,kesinlikle
絶望 ....ümitsizlik
説明する ....anlatmak
背中 ....sırt
セイフティー・ボックス...güvenlik kasası
節約する ....tasarruf etmek
設立する ....kurmak
せまい ....dar
セールスマン ...satıcı
ゼロ ....sıfır
セロテープ ......bant
セロリ ....kereviz
世話する ....bakmak
千 ....bin
線 ....çizgi
全員 ....herkes
洗顔する ....yüzünü yıkamak
選挙 ....seçim
先月 ....geçen ay
繊細な ....ince
洗剤 ....deterjan
先日 ....geçen gün
戦車 ....tank
選手 ....oyuncu
先週 ....geçen hafta
先生 ....öğretmen,hoca
先祖 ....ata
戦争 ....savaş
ぜんそく ....astım
洗濯する ....yıkamak
全部 ....hepsi,bütün
扇風機 ....vantilatör

戦略 ....strateji
洗礼 ....vaftiz
ゾウ ....fil
騒音 ....gürültü
送金 ....havale
ぞうきん ....bez
そうじ ....temizlik
葬式 ....cenaze
想像する ....hayal etmek
相談 ....danışma
僧侶 ....hoca
総領事 ....başkonsolos
総領事館 ....başkonsolosluk
速達 ....ekspres posta
速度 ....hız
そこ ....şurası
そこへ ....şuraya
そこで ....şurada
そこから ....şuradan
底 ....alt,dip
そして ....da,de,ve
ソース ....sos
ソーセージ ......sosis
そだてる ....beslemek,yetiştirmek
卒業する ....mezun olmak
外 ....dış,dışarı
祖父 ....büyük baba,dede
祖母 ....büyük anne,nine
ソファー ....koltuk
染める ....boyamak
空 ....gök
剃る ....kazımak,tıraş etmek
それ ....o,şu
それから ....ondan sonra
それとも ....yoksa
それら ....onlar
損害 ....zarar
尊敬する ....saygı göstermek

た行

タイ ....Tayland
ダイエット ......rejim
退院する ....taburcu olmak
体温 ....vücut ısısı
体温計 ....derece
大学 ....üniversite
　大学生 ....üniversite öğrencisi
大工 ....doğramacı, marangoz
たいくつな ....can sıkıcı
大根 ....turp
大使 ....büyükelçi
　大使館 ....büyükelçilik
体重 ....ağırlık
大事な ....önemli
退職 ....emeklilik
大臣 ....bakan

耐水性 ....suya dayanaklı
大西洋 ....Atlas Okyanusu
大切な ....önemli
大切に思う ......önemsemek
だいたい（およそ）.yaklaşık
態度 ....davranış
大統領 ....cumhurbaşkanı
台所 ....mutfak
第2次世界大戦 ...ikinci dünya savaşı
台風 ....tayfun
太平洋 ....Büyük Okyanus
大便する ....kaka yapmak
逮捕 ....tutuklama
題名 ....başlık
ダイヤモンド ...elmas
太陽 ....güneş
大陸 ....kara
代理 ....vekil
耐える ....dayanmak
タオル ....havlu
たおれる ....yıkılmak
高い（高さ）.....yüksek
高い（値段）.....pahalı
宝くじ ....piyango
抱く ....kucaklamak
たくさん ....çok
タクシー ....taksi
　タクシー乗り場 taksi durağı
竹 ....bambu
タコ ....ahtapot
確かな（sure）.emin
たしかめる ......tesbit etmek
足す ....katmak, toplamak
助けて！ ....imdat!
助ける ....yardım etmek
出す ....çıkarmak
たたかう ....mücadele etmek
たたく ....dövmek,vurmak
たたむ ....katlamak
ただしい ....doğru
タタール人 ......Tatar
立入禁止 ....girilmez
立つ ....kalkmak
卓球 ....masa tenisi
脱毛 ....ağda
建物 ....bina,yapı
建てる ....inşa etmek
たとえば ....mesela
棚 ....raf
他人 ....yabancı
たのしい ....eğlenceli
　たのしむ ....eğlenmek
たのむ ....rica etmek
タバコ ....sigara,tütün
　タバコを吸う ...sigara içmek
ダブルルーム ...çift yataklı oda

せい
↓
たふ

たぶん.............belki
食べる.............yemek
　食べ物.........yemek
タマゴ.........yumurta
卵黄.............yumurta sarısı
卵白.............yumurta akı
だます.............aldatmak,kandırmak
タマネギ.........soğan
黙る.............susmak
ためす.............denemek
ためらう.........çekinmek
たよる.............dayanmak
たりる.............yetmek
だれ.............kim
痰.............balgam
短期.............kısa süre
短気な.............sabırsız
単語.............sözcük,kelime
炭酸.............karbonik asit
断食.............oruç
　断食する.......oruç tutmak
単純な.............basit
短所.............kusur
誕生日.............doğum günü
ダンス.............dans
男性.............erkek
　男性器.........penis
団体.............grup
　団体旅行.......gurup gezisi
だんだん.........gitgide,gittikçe
たんぼ.............tarla
暖房.............ısıtma,kalorifer sistemi
タンポン.........tampon
血.............kan
痔.............basur
治安がいい.......güvenli
治安が悪い.......güvensiz
地位.............mevki
地域.............bölge
小さい.............küçük,ufak
チェック（小切手）.çek
チェックアウト.......çek-out
　チェックイン......çek-in
地下.............yeraltı
　地下室.........bodrum
　地下鉄.........metro
近い.............yakın
ちがい.............fark
近づく.........yaklaşmak
地球.............dünya
畜産業.........hayvancılık
遅刻する.........geç kalmak
知識.............bilgi
父.............baba
縮む.............küçülmek
縮める.........kısaltmak

地図.............harita
地中海.............Akdeniz
チップ.............bahşiş
チーズ.............peynir
　白チーズ......beyaz peynir
　カシャールチーズkaşar peyniri
地方.............bölge
茶.............çay
茶色.............kahve rengi
着陸.............iniş
チャーター......imtiyaz
茶髪.............kumral
茶わん.............fincan
チャンネル......kanal
注意.............dikkat
中学校.............orta okul
中東.............Ortadoğu
中国.............Çin
　中国語.........Çince
　中国人.........Çinli
中止.............iptal
注射.............iğne
駐車する.........park etmek
　駐車禁止.......park edilmez
　駐車場.........otopark
昼食.............öğle yemeği
中心.............merkez
中毒.............zehirlenme
注文.............sipariş
腸.............bağırsak
蝶.............kelebek
朝食.............kahvaltı
調整する.........ayarlamak
彫刻.............heykelcilik
ちょうど.........tam,tıpkı
徴兵制.........mecburi askerlik
チョコレート...çikolata
地理.............coğrafya
治療.............tedavi
鎮痛剤.........ağır kesici
チンピラ.........serseri
ツアー.............tur
追加する.........ilave etmek
（〜に）ついて.hakkında
通貨単位.........para birimi
通過する.........geçmek
通関.............gümrükten geçme
通訳.............tercüman
つかう.............kullanmak
つかまえる.........yakalamak
つかれる.........yorulmak
　つかれた.........yorgun
月.............ay
次の.............sonraki
着く（到着する）..varmak, ulaşmak
机.............masa

つくる.............yapmak, yaratmak
（身に）つける.takmak
土.............toprak
つづく.............sürmek
包む.............sarmak
つなぐ.............bağlamak
翼.............kanat
妻.............karı,eş
つまらない......can sıkıcı
罪（宗教上の）.günah
罪（法律上の）.suç
爪.............tırnak
つめたい.........soğuk
梅雨.............yağ mur mevsimi
つよい.............güçlü,kuvvetli
釣り（魚）.........balık avı
つり銭.............para üstü
手.............el
提案.............teklif
帝王切開.........sezaryen
定価.............sabit fiyat
抵抗.............direnç
Ｔシャツ.........T- şört
ディスコ.........disko
ティッシュペーパーselpak
ていねいな.........nazik
でかける.........çıkmak
適応する.........uygulamak
〜できる.........yapabilir, yapılabilir
〜できない......yapamaz, yapılamaz
手紙.............mektup
敵.............düşman
出口.............çıkış
手首.............bilek
デザイン.........desen
デザート.........tatlı
手数料.........komisyon
鉄.............demir
てつだう.........yardım etmek
手続き.........işlem
鉄道.............demiryolu
テニス.............tenis
手荷物.........bagaj
デパート.........büyük mağaza
てぶくろ.........eldiven
テーブル.........masa
出迎える.........karşılamak
出る.............çıkmak
寺.............ibadethane
テレビ.............televizyon
照れる.........mahçup olmak
テロ.............terör
手を触れないでください.....Dokunmayınız
点.............nokta
店員.............tezgahtar,çırak
天気.............hava

天気予報......hava durumu
電気 ....elektrik
　電圧.............voltaj
天国 ....cennet
伝言 ....bildirme
天才 ....dahi,deha
天使 ....melek
電車 ....tren
天井 ....tavan
伝説 ....efsane
伝染病............bulaşcı hastalık
電池 ....pil
電灯 ....lamba
伝統的な ....geleneksel
電話 ....telefon
　電話帳.........telefon rehberi
　電話する......telefon etmek
　電話番号......telefon numarası
〜と〜..............ile,ve
ドア ....kapı
問い合わせる ...sormak
ドイツ.............Almanya
ドイツ人..........Alman
トイレ............tuvalet
トイレットペーパーtuvalet kağıdı
塔 ....kule
どういたしまして ....rica ederim
とうがらし.......kırmızı biber
陶器 ....seramik
動悸 ....kalbin çarpıntısı
東京 ....Tokyo
搭乗 ....biniş
　搭乗券.........biniş kartı
　搭乗手続......biniş işleri
同性愛............eşcinsellik
灯台 ....fener kulesi
どうぞ〜..........Lütfen 〜
到着する ....varmak
　到着時刻......varış saati
盗難 ....hırsızlık
東南アジア.......Güneydoğu Asya
糖尿病............şeker hastalığı
動物 ....hayvan
　動物園.........hayvanat bahçesi
トウモロコシ...mısır
どうやって？...nasıl?
東洋 ....doğu,şark
登録する ....kaydetmek
遠い ....uzak
通り ....sokak,cadde
毒 ....zehir
読書 ....kitap okuma
独身 ....bekar
得する............faydalanmak
特徴 ....özellik
特別の.............özel

時計（腕時計）.kol saati
時計（目覚まし時計）çalar saat
どこ ....nere,neresi
床屋.................berber
閉じる ....kapatmak
都市 ....şehir,kent
歳 ....yaş
　歳とった.....yaşlı,ihtiyar
図書館............kütüphane
トースト ....tost
土地 ....toprak,arazi
突然 ....aniden
とにかく ....her neyse
飛ぶ ....uçmak
徒歩 ....yaya
とぼける ....dalga geçmek
トマト.............domates
止まる ....durmak
泊まる ....kalmak
友達 ....arkadaş
土曜日.............cumartesi
トラ ....kaplan
ドライクリーニング......kuru temizleme
トラック ....kamyon
トラベラーズチェック....seyahat çeki
トランプ（のカード)oyun kağıdı
鳥 ....kuş
とり替える.......değiştirmek
とり消す ....caymak
とり肉.............tavuk eti
努力する ....gayret etmek
取る ....almak
ドル ....dolar
トルコ.............Türkiye
トルコ石..........turkuaz, firuze
トルコ音楽.......Türk müziği
トルココーヒー ...Türk kahvesi
トルコ語..........Türkçe
トルコ人 ....Türk
トルコ大国民議会........
　　Türkiye Büyük Millet Meclisi(TBMM)
トルコ文学......Türk edebiyatı
トルコ料理......Türk yemeği
どれ ....hangisi
奴隷 ....köle
泥棒 ....hırsız
トンネル ....tünel

な 行

ない ....yok
内閣 ....bakanlar kurulu
内緒 ....gizli
内線 ....dahili telefon
内戦 ....iç savaş
ナイフ............bıçak
内容 ....içerik

直す ....düzeltmek
治る ....iyileşmek
中 ....içeri
中庭 ....avlu
中指 ....ortaparmak
長い ....uzun
長い間.............uzun zaman
ながれる ....akmak
流れ星............yıldız kayması
泣く ....ağlamak
鳴く ....ötmek
なくす ....kaybetmek
なぐる ....dayak atmak
投げる.............atmak
ナス ....patlıcan
なぜ？.............neden?,niçin?
なぜならば......çünkü
謎 ....muamma
夏 ....yaz
　夏休み.........yaz tatili
懐かしがる ......özlemek
ナツメヤシの実 ...hurma
7 ....yedi
なに？..............ne?
ナプキン ....peçete
ナベ ....tencere
生の ....çiğ
名前 ....ad,isim
怠け者.............tembel
生放送.............canlı yayın
生ビール ....fıçı bira
波 ....dalga
なみだ.............gözyaşı
悩む ....üzülmek
ならう.............öğrenmek
慣れる.............alışmak
何個 ....kaç tane
何時 ....saat kaç
何時間.............kaç saat
何種類.............kaç çeşit
何人 ....kaç kişi
難民 ....mülteci
南米 ....Güney Amerika
2 ....iki
　2月.............Şubat
にがい.............acı
にぎやかな.......kalabalık,neşeli
肉 ....et
　肉屋.............kasap
にげる.............kaçmak
二三の.............birkaç
西...................batı,garp
西ヨーロッパ ...Batı Avrupa
24 時間営業 .....24 saat açık
ニセモノ ....sahte
日曜日.............pazar

(103)

日記	günlük
２等（席）	ikinci mevki
にぶい	bön
日本	Japonya
日本円	Japon yeni
日本語	Japonca
日本酒	Japon içkisi,Sake
日本食	Japon yemeği
日本人	Japon
にもかかわらず	...～ e rağmen
入国	giriş
入国カード	giriş kartı
入場料	giriş ücreti
ニュース	haber
乳製品	süt mamulleri
尿	sidik
煮る	pişirmek
似る	benzemek
庭	bahçe
ニワトリ	tavuk,horoz
人気がある	herkesçe sevilen
人気がない	popüler olmayan
人形	bebek
人間	insan
妊娠	hamilelik
ニンジン	havuç
～人分の	～ kişilik
にんにく	sarmısak
妊婦	hamile
縫う	dikmek
抜く	sökmek
脱ぐ	çıkarmak
盗む	çalmak
布	kumaş
塗る	boyamak
根	kök
値打ちがある	değerli,kıymetli
ネコ	kedi
ねたむ	kıskanmak
ネズミ	fare
値段	fiyat
熱	ateş
熱愛	sevda
値引きする	indirmek
ねむい	uykulu
眠り	uyku
眠る	uyumak
寝る	yatmak
年金	emekli maaş
ネンザ	burkma
年齢	yaş
脳	beyin
農業	ciftçilik,ziraat
農民	ciftçi
能力	yetenek
のこり	artık

覗く	gözetlemek
望む	istemek
望み	istek
ノート	defter
のどが乾く	susamak
ノーベル賞	Nobel Ödülü
ののしる	küfür etmek
登る	tırmanmak
飲む	içmek
飲み物	içecek
乗る	binmek
乗り換える	aktarma yapmak
呪い	beddua

は行

歯	diş
葉	yaprak
バー	bar
肺	akciğer
灰	kül
はい（肯定）	evet
～倍	kat
パイ	börek
灰色	gri
肺炎	zatürre
配偶者	eş
灰皿	kül tablası
歯医者	diş hekimi
売春	fuhuş
売春婦	fahişe
売春宿	genelev
配達する	dağıtmak
売店	satış yeri
俳優	oyuncu
バイラム	bayram
入る	girmek
ハエ	karasinek
墓	mezar
バカ	aptal
ハガキ	kart, kartpostal
計る	ölçmek
量る	tartmak
吐く	kusmak
吐き気	bulantı
履く	giymek
爆弾	bomba
爆竹	kağıt fişeği
爆発する	patlamak
拍手	alkış
博物館	müze
ハゲた	kel
バケツ	kova
箱	kutu
はこぶ	taşımak
破産	iflas
橋	köprü

箸	çubuk
恥	ayıp
はじまる	başlamak
はじめる	başlatmak
はじめて	ilk kez,ilk defa
場所	yer
走る	koşmak
バス	otobüs
はずかしがる	utanmak
はずかしめる	utandırmak
バスタブ	küvet
パスポート	pasaport
パソコン	bilgisayar
旗	bayrak
肌	ten,cilt,deri
バター	tereyağı
はだかの	çıplak
畑	tarla
はたらく	çalışmak
働き者	çalışkan
8	sekiz
８月	Ağustos
蜂	arı
ハチミツ	bal
蜂の巣	petek
罰	ceza
発音	telaffuz
バッグ	çanta
パックツアー	grup turu
初恋	ilk aşk
発車する	kalkmak
発車時刻	kalkış saati
パーティー	parti
ハデな	gösterişli
鼻	burun
鼻水を出す	burnu akmak
鼻づまり	burnu tıkanma
花	çiçek
花屋	çiçekçi
話す	konuşmak
バナナ	muz
花火	havai fişek
母	anne
ハブラシ	diş fırçası
バーベキュー	ızgara
パーマ	perma
ハミガキ粉	diş macunu
速い	hızlı
早い	erken,çabuk
払う	ödemek
腹	karın
バラ	gül
パラボラアンテナ	uydu anten
針	iğne
はり紙	afiş
春	ilkbahar

貼る	yapıştırmak
晴れ	açık
パレスチナ	Filistin
パレスチナ人	Filistinli
パワー	güç,kuvvet
パン	ekmek
晩	akşam,gece
ハンガー	askı
ハンカチ	mendil
反感	düşmanlık
パンクする	patlamak
番号	numara
犯罪	suç
ハンサム	yakışıklı
反対する	karşı çıkmak
反対側	karşı taraf
パンツ	külot
パンティー	kadın külotu
半島	yarımada
ハンドバッグ	el çantası
半日	yarım gün
犯人	suçlu
ハンバーガー	hamburger
パンフレット	broşür
半分	yarım
パン屋	fırın
火	ateş
日	gün
ピアノ	piyano
被害者	mağdur
比較する	kıyaslamak
東	doğu,şark
東アジア	Doğu Asya
東ヨーロッパ	Doğu Avrupa
光	ışık
光る	parlamak
引き出し	çekmece
引き出す	çıkarmak
引く	çekmek
低い	alçak,kısa
ピクニック	piknik
ヒゲ	sakal,bıyık
ヒゲをそる	tıraş olmak
飛行機	uçak
ひざ	diz
ひざ小僧	dizkapağı
ビザ	vize
ひじ	dirsek
美術	güzel sanatlar
美術館	sanat müzesi
秘書	sekreter
非常口	acil çıkış
美人	güzel
ヒスイ	yeşim
ヒステリー	histeri
額	alın

左	sol
ひっこす	taşınmak
羊	koyun,koç,kuzu
ひっぱる	çekmek
必要である	gerekmek
必要な	gerekli
ひどい	iğrenç
人差し指	işaretparmağı
等しい	eşit
ひとりっ子	tek çocuk
一人で	tek başına
避妊する	gebelikten korunmak
避妊薬	gebeliği önleyci hap
日の出	gün doğuşu
皮膚	cilt,deri
皮膚病	cilt hastalığı
ひまな	boş
ピーマン	yeşil biber
秘密の	gizli
日焼け止めオイル	güneş yağı
費用	masraf
美容院	kuaför
病院	hastane
病気	hastalık
表現する	ifade etmek
表題 (タイトル)	başlık
比率	oran
昼	öğle,gündüz
昼休み	öğle tatil
ビル	bina
ビール	bira
広い	geniş
広げる	genişletmek, yayılmak
広場	meydan
ビン	şişe
ヒンズー教	Hindu
ピンク	pembe
品質	kalite
貧乏な	fakir
ブーム	moda
ファイル	dosya
ファックス	faks
ファッション	moda
ファスナー	fermuar
Vネック	V yaka
フィルム	film
夫婦	karı koca
封筒	zarf
笛	düdük
フェリー	vapur
ふえる	artmak
フォーク（食器）	çatal
フォークソング	türkü
フォーマル	resmi
深い	derin
付加価値税	katma değer vergisi(KDV)

不可能	imkansız
服	elbise
複雑な	karmaşık
腹痛	karın ağrısı
ふくむ	içermek
不景気	durgunluk
不幸な	mutsuz
不公平	adaletsizlik
不合理な	mantıksız
ふざけるな！	Dalga geçme!
無作法な	kaba,terbiyesiz
不思議な	garip,tuhaf
侮辱	hakaret
婦人科医	kadın doktoru
ふせぐ	önlemek
フタ	kapak
ブタ	domuz
ブタ肉	domuz eti
舞台	sahne
ふたたび	tekrar
普通	normal
物価	fiyat
ぶつかる	çarpmak
仏教	Budizm
仏教徒	Budist
仏像	Buda heykeli
物理	fizik
ブドウ	üzüm
不動産	mülk
不動産屋	emlakçı
ふとった	şişman,tombul
太る	şişmanlamak
船	gemi
船着き場	iskele
船便	gemi postası
船酔い	deniz tutması
部分	bölüm,kısım
不便	zahmet
不法の	yasa dışı
不眠	uykusuzluk
ふやす	artırmak
冬	kış
フライパン	tava
ブラウス	bluz
ブラシ	fırça
ブラジャー	sütyen
プラス	artı
プラスチック	plastik
フラッシュ禁止	flaş yasak
プラチナ	platin, beyaz altın
フランス	Fransa
フランス人	Fransız
～が降る	yağmak
プール	yüzme havuzu
古い	eski
ブルガリア	Bulgaristan

はれ
↓
ふる

(105)

ブルガリア人	Bulgar	ヘンな	garip,acayip	ほんもの
古着	ikinciel elbise	ヘンナ	kına	本屋
ブレーキ	fren	便秘	kabız	翻訳
ブレスレット	bilezik	返品する	geri vermek	
プレゼント	hediye	便利	kullanışlı	
風呂	banyo	保育所	çocuk yuvası	

ま行

ブルガリア人	Bulgar
古着	ikinciel elbise
ブレーキ	fren
ブレスレット	bilezik
プレゼント	hediye
風呂	banyo
プロ	profesyonel
プログラム	program
ブローチ	broş
プロポーズ	evlenme teklifi
フロント（ホテルの）	resepsiyon
糞	bok
～分（時間）	dakika(saat)
雰囲気	ortam
文化	kültür
文学	edebiyat
文章	cümle
文法	gramer
文明	medeniyet
屁	osuruk
ヘアスタイル	saç modeli
塀	duvar
兵器	silah
平均	ortalama
兵士	asker
閉店	kapalı
平和	barış
ページ	sayfa
ベージュ	bej
ヘーゼルナッツ	fındık
へそ	göbek
ベストをつくす	elinden geleni yapmak
下手な	beceriksiz
ペット	evcil hayvan
ベッド	yatak
別の	ayrı
ヘビ	yılan
ヘブライ語	İbranice
部屋	oda
ベランダ	balkon
減らす	azaltmak
減る	azalmak
ベルギー	Belçika
ベルギー人	Belçikalı
ペルシア語	Farsça
ベルト	kemer
ベリーダンス	göbek dansı
ペン	kalem
勉強する	ders çalışmak
偏見	önyargı
変更する	değiştirmek
弁護	savunma
弁護士	avukat
返事	cevap
弁償	tazminat
変態	sapık

ヘンな	garip,acayip
ヘンナ	kına
便秘	kabız
返品する	geri vermek
便利	kullanışlı
保育所	çocuk yuvası
ボイコット	boykot
貿易	ticaret
方言	lehçe
冒険	macera
方向	yön
防止	önleme
ぼうし	şapka
宝石	mücevher
放送	yayın
包帯	sargı
方法	çare
法律	yasa,kanun
ほうれん草	ıspanak
暴力	şiddet
ボール	top
ほかの	başka
ポケット	cep
保険	sigorta
保険会社	sigorta şirketi
保護する	korumak
ホコリ	toz
誇り	gurur
星	yıldız
欲しがる	istemek
補償	telafi
保証	kefalet
保証金	depozit
保証書	kefaletname
保証人	kefil
干す	kurutmak, asmak
ポスト	posta kutusu
細い	ince
ボタン	düğme
ホチキス	tel zımba
ホットシャワー	sıcak duş
ホテル	otel
ボート	kayık
歩道	kaldırım
ほとんど	hemen hemen
骨	kemik
ほほ	yanak
ほほえみ	gülümseme
ほめる	övmek
ボランティア	gönüllü
掘る	kazmak
ポルトガル	Portekiz
ポルトガル人	Portekizli
ボールペン	tükenmezkalem
本	kitap
ほんとうの	gerçek,hakiki

ほんもの	gerçek
本屋	kitapçı
翻訳	tercüme
毎（回、日など）	her
マイナス	eksi
前に（時間）	önce
前金	depozit
前払い	peşin ödeme
まがる	dönmek
マカロニ	makarna
巻く	sarmak
まくら	yastık
マグロ	tonbalığı
負ける	yenilmek
孫	torun
まじめな	ciddi
麻酔	anestezi
まずい（食物）	tatsız
まずい（事態）	kötü
まずしい	fakir
まだある	daha var
まだない	henüz yok
待合室	bekleme salonu
待ち合わせ	buluşma
まちがう	yanılmak
待つ	beklemek
マッサージ	masaj
まっすぐな	düz
祭り	bayram
～まで	～ e kadar
窓	pencere
まにあう	yetişmek
マニキュア	oje
招く	davet etmek
マネる	benzetmek
まもなく	az sonra
守る	korumak,savunmak
豆	bezelye,bakla,fasulye
麻薬	uyuşturucu
まゆげ	kaş
迷う	şaşırmak
まるい	yuvarlak
丸首	yuvarlak yaka
まるで～	sanki
マレーシア	Malezya
まれな	nadir
回す	çevirmek
万	on bin
満員	dolu
マンガ	karikatür
満月	dolunay
満足する	memnun olmak
まん中の	orta
満腹する	doymak

106

実	meyve
見送る	uğurlamak
みがく	parlatmak
三日月	hilal
みかん	mandalina
右	sağ
岬	burun
みじかい	kısa
水	su
水色	gök mavisi
湖	göl
水着	mayo
水虫	mantar hastalığı
店	dükkan,mağaza
(〜を) 見せる	göstermek
見せて！	Göstersene!
道	yol
みつかる	bulunmak
みつける	bulmak
見積る	hesaplamak
密輸	kaçakçılık
みとめる	onaylamak
緑色	yeşil
皆 (みな)	herkes
港	liman
南	güney
みにくい	çirkin
ミネラルウォーター	maden suyu
身分証明書	kimlik
未亡人	dul kadını
見本	örnek
耳	kulak
脈拍	nabız
みやげ	hediye
明晩	yarın akşam
未来	gelecek
魅力	ilgi çekici
見る	bakmak, görmek
ミルク	süt
民主主義	demokrasi
民族	ulus,millet
民族舞踊	halk dansı
無意識に	bilinçsizce
向い	karşı
むかえる	karşılamak
むかし	eskiden
婿	damat
無効	geçersiz
無言の	sessiz
無視	ihmal
ムシ	böcek
ムシ歯	çürük diş
無邪気な	saf
無職	işsiz
むしろ	aksine
むずかしい	zor

息子	oğul
むすぶ	bağlamak
娘	kız
ムダづかいする	boşa harcamak
無知の	cahil
夢中になる	bayılmak
胸	göğüs
村	köy
紫	mor
無料	bedava
目	göz
名刺	kart
名詞	isim
迷信	batıl inanç
名誉	onur
メインディッシュ	ana yemek
命令	emir
迷惑	zahmet
メガネ	gözlük
目薬	göz damlası
召使	hizmetçi
メス	dişi
めずらしい	nadir
メッカ	Mekke
メディナ	Medine
メートル	metre
メニュー	menü,yemek listesi
めまい	baş dönmesi
メールアドレス	e-mail adresi
メロン	kavun
面 (お面)	maske
綿	pamuk
免税	vergi muafiyeti
面積	yüzey ölçüsü
〜も	de,da
もう	artık
申し込む	başvurmak
儲ける	kazanmak
盲腸炎	apandisit
毛布	battaniye
盲目	kör
燃える	yanmak
目的	amaç
目標	hedef
木曜日	perşembe
もし	eğer
文字	harf
モスク	cami
もしもし	alo
持ち主	sahip
もちろん	tabii
もったいない	yazık
持つ	sahip olmak
持っていく	götürmek
持ってくる	getirmek
もてなす	ağırlamak

最も	en çok
求める	aramak
戻る	dönmek
物	şey
物語	hikaye
桃	şeftali
模様 (図柄)	resim
森	orman
漏る	sızmak
もらう	almak
門	kapı
問題 (problem)	sorun
問題ない (No problem)	sorun yok

や行

矢	ok
八百屋	manav
山羊	keçi
やかん	demlik, çaydanlık
やきもちやきの	kıskanç
野球	beysbol
約 (およそ)	yaklaşık
焼く	yakmak
役	rol
ヤクザ	çete
約束	söz
役に立つ	yaramak
ヤケド	yanık
野菜	sebze
優しい	nazik
易しい	kolay
安い	ucuz
安売り	ucuzluk
やすむ	dinlenmek
やせた	zayıf
やせる	zayıflamak
家賃	ev kirası
薬局	eczane
家主	ev sahibi
破る	yırtmak
山	dağ
止める	vazgeçmek
辞める	istifa etmek
闇	karanlık
やわらかい	yumuşak
湯	sıcak su
遺言	vasiyet
遊園地	lunapark
有益な	faydalı
有害な	zararlı
有効期限	geçerli tarih
友情	arkadaşlık
夕食	akşam yemeği
郵送する	postalamak
郵便	posta
郵便局	postahane

(107)

郵便料金	posta ücreti
遊牧民	yörük
有名な	ünlü
有料の	ücretli
誘惑	baştan çıkarma
床	taban
雪	kar
輸出	ihracat
ゆたかな	bol,zengin
ユダヤ人	Yahudi
ゆっくり	yavaş
ゆっくり話して！	Yavaş konuşsana
ゆでる	haşlamak
輸入	ithalat
指	parmak
指輪	yüzük
夢	rüya
夢を見る	rüya görmek
ユーモア	mizah
許す	affetmek,bağışlamak
揺れる	sallamak
良い	iyi,güzel
酔う	sarhoş olmak
用意する	hazırlamak
陽気な	hoş
用事	iş
用心する	dikkat etmek
ようす	durum
幼稚園	anaokulu
腰痛	bel ağrısı
曜日	haftanın günleri
ヨーグルト	yoğurt
預言者	peygamber
横	yan
横になる	yatmak
予想	tahmin
予防する	önlemek
欲	arzu
汚す	kirletmek
よごれる	kirlenmek
予算	bütçe
ヨット	yat
よぶ	çağırmak
読む	okumak
嫁	gelin
予約	rezervasyon
夜	gece
よろこぶ	sevinmek
ヨルダン	Ürdün
ヨーロッパ	Avrupa
ヨーロッパ共同体 (EU)	Avrupa Birliği
世論	kamuoyu
よわい	zayıf
4	dört

ら行

ライオン	aslan
来月	gelecek ay
ライター	çakmak
来年	gelecek yıl
ラク	rakı
楽な	kolay
ラジオ	radyo
ラップ（音楽）	rap müziği
ランプ	lamba
利益	fayda,kar
理科	fen
理解する	anlamak
陸	kara,kıta
離婚する	boşanmak
利子	faiz
理想な	ideal
立派な	güzel
理髪師	berber
リモコン	uzaktan kumanda
理由	sebep
留学する	yabancı ülkede okumak
留学生	yabancı öğrenci
流行	moda
量	miktar
寮	yurt
両替屋	döviz bürosu
料金	ücret
領事館	konsolosluk
領収書	fatura
良識のある	sağduyulu
両方	her ikisi
料理	yemek
～料理	～ yemeği
料理する	yemek pişirmek
旅券番号	pasaport numarası
旅行	seyahat, gezme
旅行者	turist
旅行代理店	turizm acentası
リンゴ	elma
臨時	geçici
隣人	komşu
ルビー	yakut,lal
ルーマニア	Romanya
ルーマニア人	Rumen
ルームメイト	oda arkadaşı
例	örnek
霊	ruh
礼儀正しい	terbiyeli
冷蔵庫	buzdolabı
冷房	klima
冷凍する	dondurmak
歴史	tarih
レストラン	restoran
礼拝	namaz

礼拝する	namaz kılmak
列車	tren
レート	kur
レバー	ciğer
レバノン	Lübnan
恋愛	aşk
練習する	platik yapmak
レンズ豆	mercimek
レンタカー	kiralık araba
レントゲン	röntgen
廊下	koridor
老人	ihtiyar,yaşlı
ロウソク	mum
労働者	işçi
6	altı
6月	Haziran
録音する	kaydetmek
ロシア	Rusya
ロシア人	Rus
ロバ	eşek
ロビー	lobi,bekleme salonu
論争	tartışma
論理的な	mantıklı

わ行

輪	halka
わいろ	rüşvet
ワイン	şarap
赤ワイン	kırmızı şarap
白ワイン	beyaz şarap
若い	genç
若者	delikanlı
沸かす	kaynatmak
わがまま	bencil
わかる	anlamak
わかれる	ayrılmak
わきの下	koltukaltı
わける	ayırmak
わざと	bilerek
わざわざ	özel olarak
忘れる	unutmak
私	ben
私たち	biz
私の	benim
私たちの	bizim
わたす	vermek
わたる	geçmek
ワニ	timsah
わらう	gülmek
割引き	indirim
割る	bölmek
～割る～	～ bölü ～
悪い	kötü
湾	körfez
湾岸戦争	Körfez Savaşı

第4部

トルコ語→日本語
単語集

"第4部"では約2800の単語を収録しています。
旅行者にとって必要度の高い言葉、深い内容を
話すための言葉を厳選しています。

A

abartma .... おおげさ
abi .... 兄
abla .... 姉
acayip .... 奇妙な
acele etmek .... いそぐ
acı .... いたい、にがい、辛い
acımak .... 痛む
acınacak .... 惜しい
açık ....
　　うすい（濃さ）、開放的な、空いている
açık saçık .... わいせつな
acil .... 緊急
acil bir iş .... 急用
açmak .... 開ける、開放する、咲く
ad .... 名前
ada .... 島
adalet .... 正義
adaletsizlik ..... 不公平
adet .... 習慣、月経
adım .... 一歩
adres .... 住所
Affedersiniz .... すみません
affetmek .... 許す
afiş .... はり紙
Afrika .... アフリカ
ağaç .... 木
ağabey .... 兄
ağda .... 脱毛ワックス
ağır .... 重い
ağır kesici ...... 鎮痛剤
ağırlamak .... もてなす
ağırlık .... 重さ
ağız .... 口
ağlamak .... 泣く
ağrı .... 痛み
Ağustos ８月
ahtapot .... タコ
AİDS .... エイズ
aile .... 家族
ak .... 白
akciğer .... 肺
akıllı .... 頭がいい
akmak .... ながれる
akraba .... 親戚
aksesuar .... アクセサリー
aksi .... 逆の、反対の
akşam yemeği 夕食
akşam .... 夕方
aktarmak .... 乗り換える
alaka .... 関係
alay etmek ...... 嘲る
alçak .... くだらない、低い
aldatmak .... だます、浮気する
aldırmamak ..... 無視する

alerji .... アレルギー
Alevilik .... アレヴィー派
alışmak .... 慣れる
alışveriş .... 買い物、商売
Allah .... アッラー
almak .... 取る、受け取る、もらう、得る
Alman .... ドイツ人
Almanya .... ドイツ
alo .... もしもし
alt .... 下、底
altı 6
altın .... 金
ama .... しかし、でも
amaç .... 目的
ambülans .... 救急車
amca .... おじ（父方）
ameliyat .... 手術
Amerika Birleşik Devletleri .... アメリカ合衆国
Amerikalı .... アメリカ人
ana baba .... 父母、両親
ana .... 母
anahtar .... カギ
anayasa .... 憲法
ancak .... しかし、ただ
anestezi .... 麻酔
anı .... 記念、思い出
anımsamak ..... 思い出す
aniden .... 突然
anıt .... 記念碑
anlam .... 意味
anlamak .... 理解する、わかる
anlatmak .... 説明する
ammak .... 思い出す
anne .... 母
Anonim Şirket(AŞ) .... 株式会社
antlaşma .... 条約
anüs .... 肛門
apandisit .... 盲腸炎
apartman .... アパート
aptal .... バカ
araba kullanmak .... 運転する
araba .... 自動車
Aralık １２月
aramak .... 探す、求める
Arap .... アラブ人
Arapça .... アラビア語
araştırmak ...... しらべる、研究する
arı .... 蜂
aritmetik .... 算数
arka .... 後ろ、裏
arkadaş .... 友達
arkadaşlık ...... 友情
Arnavut .... アルバニア人
Arnavutluk ...... アルバニア
artı .... プラス
artık .... のこり、もう

artırmak .... ふやす
arzu .... 欲
arzulamak .... あこがれる
asker .... 軍人、兵士
aslan .... ライオン
asmak .... 掛ける
Asya .... アジア
aşağı .... 下、下の
aşçı .... コック
aşağı yukarı .... およそ～
aşk .... 愛、恋
aşık olmak ...... 恋する
at .... 馬
at yarışı .... 競馬
ata .... 先祖
atom santralı .. 原子力発電所
atasözü .... ことわざ
Atatürk .... アタテュルク
ateş .... 火
ateş düşürücü 解熱剤
ateşlenmek ..... 熱が出る
atmak .... すてる、投げる
atom bombası . 原子爆弾
atom enerjisi .. 原子力
avlu .... 中庭
Avrupa .... ヨーロッパ
Avrupa Birliği .. ヨーロッパ共同体 (EU)
avukat .... 弁護士
Avustralya .... オーストラリア
Avustralyalı ..... オーストラリア人
Avusturya .... オーストリア
Avusturyalı ...... オーストリア人
ay .... 月
ayak .... 足
ayakkabı .... 靴
ayakkabıcı ...... 靴屋
ayarlamak .... 調整する
aybaşı .... 月経
aybaşı bezi ..... 生理用ナプキン
aydınlık .... 明るい、光
ayı .... 熊
ayıp .... 恥
ayırmak .... わける
aylık gider ...... 生活費
ayna .... 鏡
aynı .... 同じ
ayran .... アイラン
ayrı .... 別の
ayrılmak .... 別れる
az .... 少し
azalmak .... 減る
azarlamak .... しかる
Azerbaycan ..... アゼルバイジャン
Azeri .... アゼルバイジャン人
azınlık .... 少数民族

110

B

baba	父
bacak	脚
bagaj	手荷物
bağ	果樹園
bağırmak	さけぶ
bağırsak	腸
bağırsak ilacı	胃腸薬
bağışlamak	寄付する
bağlamak	しばる、むすぶ
bağlantı	接続
bağlantı kurmak	連絡をつける
bahar	春
baharat	香辛料
bahçe	庭
bakan	大臣
bakanlık	省
bakire	処女
bakış	見ること、一見
bakmak	見る、見学する、世話する
bakteri	細菌
bal	ハチミツ
balayı	新婚旅行
balgam	痰
balık	魚
balkon	ベランダ
bambu	竹
banka	銀行
banka hesabı	口座
bankamatik kartı	キャッシュカード
banyo	風呂、現像
bar	バー
bardak	コップ
barış	平和
basamak	段
basit	地味な
basmak	押す、印刷する
basur	痔
baş ağrısı	頭痛
baş dönmesi	めまい
baş	頭
başarı	成功
başarsızlık	失敗、不成功
başbakan	首相
başka	ほかの
başkent	首都
başlamak	はじめる
başlangıç	最初
başlık	題名
başörtü	スカーフ
başparmak	親指
baştan çıkarmak	誘惑する
başvurmak	申し込む
Batı Avrupa	西欧
batı	西、西洋

batılı	西洋人
batıl inanç	迷信
batmak	しずむ
battaniye	毛布
bavul	スーツケース
bayat	古い
bayi	売店
bayılmak	夢中になる、失神する
bayrak	旗
bayram	祭り、祭日、記念日
bazen	ときどき
bebek	あかちゃん、人形
bedava	無料
beden	からだ、サイズ
bej	ベージュ
bekar	独身
bekleme salonu	待合室
beklemek	待つ、期待する
bel	腰
bela	わざわい
Belçika	ベルギー
Belçikalı	ベルギー人
belediye	市
belge	書類
belki	たぶん
ben	私、俺
bencil	勝手な、わがまま
benim	私の
benzemek	似る
benzetmek	マネる、似せる
benzin	ガソリン
benzin istasyonu	ガソリンスタンド
beraber	一緒に
berber	理髪師、理髪店
beş	5
besin	栄養
beyan	申告
beyaz peynir	白チーズ
beyaz şarap	白ワイン
beyaz	白
beyin	脳
beysbol	野球
bezelye	グリーンピース
bıçak	ナイフ
bıyık	口ヒゲ
biber	コショウ
(-den)bıkmak	飽きる、うんざりする
biftek	ステーキ
bildirmek	知らせる
bilerek	わざと
bilet gişesi	改札口
bilezik	ブレスレット
bilgi	知識
bilgisayar	コンピューター、パソコン
bilinçsizce	無意識に
biliyor	知っている

bilmek	知る
bilmiyor	知らない
bin	千
bina	建物
binmek	乗る
bir	1
bir daha ki sefer	次回
bir defa	1 回
bir gün	1 日
bir hafta	1 週間
bir kere	1 回
bir şey değil	どういたしまして
bira	ビール
biraz önce	さっき
biraz	すこし
birbiri	お互い
birden	一度に
birey	個人
bireysellik	個性
biri	誰か、一方、1 個
birinci	いちばん
birinci mevki	一等（席）
birinci olmak	優勝する
birinci sınıf öğrencisi	一年生
birkaç	二三の
birlikte	一緒に
bisiklet	自転車
bitki	植物
bitki bahçesi	植物園
bitmek	終わる、済む
biz	私たち
bizim	私たちの
bluz	ブラウス
boğaz	のど
bok	糞
bol	ゆたかな
bombalamak	爆撃する
borç	借金
bordo	エンジ色
boş	ひまな、空いている
boş vakit	余暇
boşa harcamak	ムダづかいする
boşanmak	離婚する
boy	身長、縦
boyamak	染める、塗る
boykot	ボイコット
boyun	首
bozmak	こわす
bozuk para	小銭
bozulmak	故障する、こわれる
böbrek	腎臓
böcek	ムシ
bölge	地域、地方
bölmek	割る、分ける
～ bölü ～	～割る～
bölüm	部分

ba → bo

111

bo → cu

böyle	このように
bronşit	気管支炎
broş	ブローチ
broşür	パンフレット
bu	これ
bu akşam	今晩
bu ay	今月
bu defa	今回、今度
bu gece	今夜
bu hafta	今週
bu kadar	このくらい
bu sabah	今朝
bu sefer	今回、今度
bu yıl	今年
Buda heykeli	仏像
Budist	仏教徒
Budizm	仏教
bugün	今日
buğday	小麦
bugünlerde	このごろ
bulantı	吐き気
bulaşıcı hastalıklar	伝染病
Bulgar	ブルガリア人
Bulgaristan	ブルガリア
bulmak	みつける
bulunmak	居る、みつかる、持つ
buluşma	待ち合わせ
bulut	雲
bulutlu	くもり
bunun	この
burada	ここで
buradan	ここから
buralarda	このへんに
burası	ここ
buraya	ここへ
burun	鼻、岬
burun akmak	鼻水がでる
buyurmak	命令する
buz	氷
buzdolabı	冷蔵庫
büro	事務所
bütçe	予算
bütün	すべて
büyü	魔法
büyük anne	祖母
büyük baba	祖父
büyükelçi	大使
büyükelçilik	大使館
büyük mağaza	デパート
büyük	大きい、偉大
büyüklük	大きさ

C

cacık	ヨーグルトときゅうりのスープ (冷)
cadde	通り
cahil	無知の

cam	ガラス
can	心、生命
canım	マイハート
canlı	生きている、元気な
caymak	とり消す
caz	ジャズ
CD	ＣＤ
cehennem	地獄
ceket	ジャケット
cenaze	葬式
cennet	天国
cep	ポケット
cep telefonu	携帯電話
cerrah	外科医
cesaret	勇気
cevap	返事
cevaplamak	答える
ceza	罰
cezaevi	刑務所
ciddi	まじめな
ciftçi	農民
ciğer	レバー
cihaz	エンジン
cilt	皮膚
cimri	けち
cin	神霊
cin gibi	利口ですばしっこい
cinsel taciz	セクハラ
cinsiyet	性
coğrafya	地理
coşmak	興奮する、活気づく
cömert	気前のいい
cuma	金曜日
cumartesi	土曜日
cumhurbaşkanı	大統領
cumhuriyet	共和国
cümle	文章
cüzdan	サイフ

Ç

çaba	努力
çabuk	速く
çağ	時代
çağdaşlaşma	近代化
çağırmak	よぶ
çakmak	ライター
çalar saat	時計（目覚まし時計）
çalgı	楽器
çalınmak	盗まれる
çalışkan	働き者、勤勉な
çalışmak	はたらく
çalmak	打つ（楽器を）
çalmak	盗む、演奏する、打つ（楽器を）、鳴る
çamur	泥
çanta	カバン

çare	方法
çarpmak	ぶつかる
çarşaf	シーツ
çarşamba	水曜日
çarşı	商店街
çatal	フォーク（食器）
çay	茶、紅茶
çek	チェック（小切手）
çekici	魅力的な
çekinmek	遠慮する、ためらう
çekmek	引く、ひっぱる
çene	あご
çeşit	種類
çeşitli	いろいろな
çeşme suyu	水道水
çete	ヤクザ
çevirmek	回す、訳す
çevre	環境
çıkarmak	脱ぐ、引き出す
çıkış	出口
çıkış kartı	出国カード
çıkmak	出る、でかける
çıplak	はだかの
çiçek	花
çiçekçi	花屋
çift yataklı oda	ダブルルーム
çiğ	生の
çiğ balık	刺身
çiğnemek	噛む
çilek	イチゴ
Çin	中国
Çin ilacı	漢方薬
Çince	中国語
Çingene	ジプシー
Çinli	中国人
çirkin	みにくい
çiş	おしっこ
çivi	クギ
çizgi	線
çocuk	こども、男の子
çoğaltmak	ふやす、ふえる
çok	たくさん、多い
çorap	くつした
çorba	スープ
çöl	砂漠
çöp	ゴミ
çöp kutusu	ゴミ箱
çörek	ドーナツのようなパン
çözmek	解決する
çubuk	箸
çünkü	なぜならば
çürük diş	ムシ歯
çürümek	腐る
çürümüş	腐った

112

D

da/de	そして、～も
dağ	山
dağınık	散らかっている
dağıtmak	配達する
daha var	まだある
daha yok	まだない
dahi	天才
dahili numara	内線
dakika(saat)	～分（時間）
dalga	波
Dalga geçme!	ふざけるな！
dalga geçmek	とぼける
damar	脈
damat	婿
dana eti	牛肉
danışma	受付、案内、相談
danışmak	交渉する、相談する
dans	ダンス
dans etmek	踊る
dar	せまい
dava etmek	訴える
davet	招待
davet etmek	さそう、招く
davranmak	ふるまう
dayak atmak	なぐる
dayanışmak	協力する
dayanmak	我慢する、耐える、たよる
dayı	おじ（母方）
dede	祖父
dedikodu	噂
dedikoducu	噂好きの人
değil	～ではない
defa	～回
defter	ノート
değerli	価値がある、値打ちがある
değerli eşya	貴重品
değişmek	変わる
degiştirmek	変える、交換する、変更する
deha	天才
deli	狂った
delik	穴
delikanlı	若者、青年
delirmek	気が狂う
demek	言う
demir	鉄
demiryolu	鉄道
demode	時代遅れ
demokrasi	民主主義
denemek	ためす
deneyim	経験
deneyimli	経験のある
denge	バランス
deniz	海
depozit	保証金、前金

deprem	地震
depresyon	ゆううつ、うつ病
derece	温度、程度、体温計
dergi	雑誌
deri	皮
derin	深い
dernek	団体
ders	授業
ders çalışmak	勉強する
ders kitabı	教科書
desen	デザイン
destek	支え
detaylı	くわしい
detektif	刑事
deterjan	洗剤
devam etmek	つづける
devlet memuru	公務員
devlet	国家、政府
davranış	行為
devrim	革命
dış	国外の
dışarı	外
dışişleri	外交
Dışisleri Bakanlığı	外務省
dışkı	糞、大便
dış ticaret	貿易
diğer	別の、他の
dikkat	注意
dikkat etmek	気をつける、用心する
dikmek	建てる
dil	舌、ことば、言語
dilemek	望む、願う
dilenci	乞食
din	宗教
dindar	敬虔な
dinlemek	聞く
dinlenme	休憩、やすみ
dinlenmek	やすむ
dip	底
diş	歯
diş fırçası	ハブラシ
diş hekimi	歯医者
diş macunu	ハミガキ粉
dişi	メス
disko	ディスコ
doğa	自然
doğmak	生まれる
doğranmacı	大工
doğru	ただしい、正確な
Doğu Asya	東アジア
Doğu Avrupa	東ヨーロッパ
doğu	東、東洋
doğulu	東洋人
doğum	誕生、出産
doğum günü	生年月日、誕生日
doğurmak	産む

doktor	医者
dokunmak	さわる
dokuz	9
dolaşmak	歩き回る
dolar	ドル
doldurmak	記入する
dolmak	満ちる
dolu	いっぱいの、満員
dolunay	満月
domates	トマト
domuz	ブタ
domuz eti	ブタ肉
dondurma	アイスクリーム
donmak	凍る
dost	親友
doymak	満腹する
dönem	期間
dönmek	帰る、戻る、まがる
dört	4
dört mevsim	四季
dörtgen	四角
döviz	外貨
dua etmek	いのる
dudak	くちびる
duman	けむり
durak	停留所
duraklama	中止
durmak	止まる
durum	ようす
duş	シャワー
duvar	壁、塀
duygu	感覚、感情
düdük	笛
düğme	ボタン
dükkan	店
dün	昨日
dün akşam	昨晩
dünya	世界
dürüst	正直な、正直者
düşmek	落ちる、転ぶ
düşman	敵
düşünce	考え、感想
düşünmek	思う、考える
düşürmek	落とす
düz	まっすぐな
düzeltmek	直す

E

e-mail	Eメール
e-mail adresi	メールアドレス
eczane	薬局、薬屋
edebiyat	文学
eğer	もし
eğitim	教育
eğlence	楽しみ
eğlenmek	楽しむ

113

ek → ge

~ e kadar........~まで
Ekim.................１０月
eklemek..........加える
ekmek...........パン
ekonomi..........経済
ekonomik kriz..経済危機
eksi................マイナス
eksik..............不足の
ekşi...............すっぱい
ekspres..........急行列車
ekspres posta..速達
el....................手
el çantası........ハンドバッグ
eleman...........従業員
el feneri..........懐中電灯
elbise..............服
elde etmek......得る
eldiven............てぶくろ
elektrik...........電気
elektrik düğmesi....スイッチ
elinden geleni yapmak....ベストをつくす
elma................リンゴ
elmas..............ダイヤモンド
emanet etmek. あずける
emek................労働
emekli maaş ...年金
emekli olmak...引退する
emeklilik..........退職
emin................確かな（sure）
emin olmak ....確信する
emir................命令
emlakçı...........不動産屋
emniyet..........警察
en.................最も
en az..............最低の（量）
en büyük........最大の
en çok............最高の（量）
en iyi..............最上の
en kötü...........最悪の
en küçük.........最小の
en son............最後の
en yeni...........最新の
en yüksek ......最高の（高低）
endişelenmek .心配する
Endonezya......インドネシア
Endonezyalı....インドネシア人
enflasyon.......インフレ
engel...............障害
engellemek......じゃまをする
ense................うなじ
erkek...............男性、男、オス
erkek çocuğu..男の子
erken..............早い
Ermeni...........アルメニア人
Ermenistan.....アルメニア
ertelemek........延期する、延長する

ertesi gün........翌日
eser................作品
eski.................古い
eskiden...........むかし
esneme...........あくび
eş...................つれあい、配偶者
eşek................ロバ
eşit.................等しい
et....................肉
etek.................スカート
etki.................影響、効果
etmek..............おこなう、する
ev....................家、家庭
ev hanımı........主婦
ev işi...............家事
ev kirası..........家賃
evet................はい（肯定）
evlenmek........結婚する
evli..................既婚者
evren...............宇宙
evvelki gün......おととい
eyalet..............州
Eylül...............９月
ezberlemek......暗記する
ezmek............つぶす

F

fabrika............工場
fahişe.............売春婦
faiz.................利子
fakat...............しかし
fakir................貧乏な、まずしい
faks................ファックス
fakülte............学部
fal...................占い
falcı................占い師
fare.................ネズミ
fark.................ちがい
fark etmez......差がない
farklı...............差がある
farkna varmak. 気づく
Farsça............ペルシア語
Fas.................モロッコ
fasulye...........いんげん豆
fatura.............請求書
faydalanmak ...得する
faydalı............有益な
fazla...............多い（く）
felaket............災害
fen..................科学、理科
fena................悪い
fermuar...........ファスナー
fıçı..................樽
fırın.................パン屋
fındık..............ヘーゼルナッツ
fırça...............ブラシ

fırsat...............機会
fırtına..............嵐
fıstık...............ピスタチオ
fikir..................アイデア、考え
fil....................ゾウ
Filipinler.........フィリピン
Filipinli............フィリピン人
Filistin............パレスチナ
Filistinli...........パレスチナ人
film.................映画、フィルム
fincan.............コーヒーカップ
Finlandiya.......フィンランド
Finli................フィンランド人
fiş...................さしこみ、プラグ、レシート
fiyat................値段、物価
fotoğraf..........写真
fotoğraf makinesi.......カメラ
fotoğrafçı........カメラマン、写真屋
fotokopi..........コピー
Fransa............フランス
Fransız...........フランス人
fren.................ブレーキ
fuhuş..............売春
futbol..............サッカー

G

galibiyet ....勝利
gamze............えくぼ
garanti............保証
gargara ....うがい薬
garip...............ヘンな、不思議な
garson............ウエイター
gayret etmek... 努力する
gaz.................ガス、おなら
gazete............新聞
gazeteci ....ジャーナリスト
gazino.............カジノ
gece...............夜
gecekondu......一夜建ての家、スラム
geç.................おそい
geçe...............～過ぎ
geç kalmak .....おくれる、遅刻する
geçen ay.........先月
geçen gün.......先日
geçen hafta.....先週
geçen yıl.........去年
geçerli............有効
geçersiz..........無効
geçici ....臨時
geçirmek.........通す、過ごす、暮らす
geçmek...........過ぎる、渡る、越える
geçmiş............過去
geğirmek.........ゲップ
gelecek...........将来、未来
gelecek ay ......来月
gelecek yıl.......来年

114

geleneksel	伝統的	
gelin	嫁	
gelir	収入	
gelişmek	成長する	
gelmek	来る、〜してくれる	
gemi	船	
gemi postası	船便	
genç	若い	
genel	一般の、総、全	
genelev	売春宿	
genellikle	一般的に、たいてい	
geniş	広い	
genişletmek	広げる	
gerçek	実際、真実、ほんもの	
gerek	必要な	
gerekmek	必要である、要る	
gereksiz	いらない	
gerginleşmek	緊張する	
geri	後ろ	
geri vermek	返す	
getirmek	持ってくる	
geyik	鹿	
geveze	おしゃべりの	
gezmek	散歩する	
gezdirmek	案内する	
gıcık	ムカつく	
gıda	食料	
gıdıklı	くすぐったい	
gibi	〜のような	
(-ye) giden	〜行き	
gidiş dönüş	往復	
gidiş dönüş bileti	往復切符	
girilmez	立入禁止	
giriş	入り口	
giriş kartı	入国カード	
giriş katı	1階	
giriş ücreti	入場料	
girmek	入る	
gitar	ギター	
gitmek	行く	
gittikçe	だんだん	
giymek	履く、着る	
gizli	秘密の	
golf	ゴルフ	
göbek	へそ	
göç etmek	移民する	
göçmen	移民	
göğüs	胸	
gök	空	
gök mavisi	水色	
göl	湖	
gölge	影	
gömlek	シャツ	
gönderen	差出人	
göndermek	送る	
gönül	心	

gönüllü	ボランティア	
göre	〜によれば	
görev	義務、責任	
görüş	意見	
görünüş	外観	
görüşme	面会、会談	
görüşmek	会う	
Göstersene!	見せて！	
gösterişli	ぜいたくな、ハデな	
göstermek	(〜を) 見せる	
götürmek	持っていく	
göz	目	
göz damlası	目薬	
gözetlemek	覗く	
gözlük	メガネ	
gözlükçü	メガネ屋	
gözyaşı	なみだ	
gram	グラム	
gramer	文法	
gri	灰色	
grip	インフルエンザ	
grup turu	パックツアー	
gurur	誇り	
güç	権力、パワー	
güçlü	つよい	
gül	バラ	
gülmek	わらう	
gülümsemek	ほほえむ	
gümrük	関税、税関	
gümüş	銀	
gün	日	
günah	罪	
günaydın	おはよう	
gündüz	昼	
güneş	太陽	
güneşli hava	晴れ	
güney	南	
Güney Amerika	南米	
Güneydoğu Asya	東南アジア	
günlük	日記	
güreş	レスリング	
gürültülü	うるさい	
güvenli	治安がいい	
güvenlik	安全、治安	
güvenmek	信頼する	
güvercin	鳩	
güzel		
上手い、うつくしい、すばらしい、美人、立派な
güzel manzaralı	ながめがいい	
güzel	きれいな	

H

haber	情報、ニュース	
hac	メッカ巡礼	
hacı	ハジ (メッカ巡礼した人)	
haç	十字架	

hafif	軽い	
hafta	週	
hafta içi	週日	
hafta sonu	週末	
hakaret	侮辱	
hak	権利	
hakkında	(〜に) 関する、ついて	
haklı	正しい	
hal	状態	
hala	まだ	
hala	おば (父方)	
halk	国民、市民	
halk dansı	民族舞踊	
halk müziği	民族音楽	
halka	輪	
halletmek	解決する	
hamam	浴場	
hamamböceği	ゴキブリ	
hamburger	ハンバーガー	
hamile	妊婦	
hamilelik	妊娠	
hamsi	カタクチイワシ	
hamur	パン種	
hangi	どれ	
hanım	奥様、夫人	
harcamak	消費する	
hareket etmek	出発する、発車する	
hareket saati	出発時間、発車時刻	
hareketli	活発な	
harf	文字	
hariç	〜以外は	
Harika!	サイコー！	
harita	地図	
hasta	病人	
hastalık	病気	
hastane	病院	
haşlamak	ゆでる	
hata	あやまち	
hatır	記憶	
hatıra	思い出	
hatırlamak		
思い出す、覚えている、思い出させる
hatta	さらに	
hava	天気、空気	
hava durumu	天気予報	
havaalanı	空港	
havai fişek	花火	
havale	送金	
havalimanı	空港	
havlu	タオル	
havuç	ニンジン	
hayal etmek	想像する	
hayalet	オバケ	
hayat	生命、人生、生活	
haydi, hadi	さぁ！	
hayır	いいえ (否定)	

ha→ip

hayır............... 慈善
Hayırlı olsun.... うまくいきますように
hayran olmak.. 感心する
hayvan........... 動物
hayvanat bahçesi....... 動物園
hazır............... 準備ができている
hazırlamak ..... 準備する、用意する
hazırlık .... 準備
hazin............. つらい
Haziran 6月
hedef............. 目標
hediye .... プレゼント、みやげ
hem................ さらに
hemen............ すぐに
hemen hemen ほとんど
hemen hemen hepsi...... ほとんど全部
hemşire........... 看護婦
henüz............. まだ～ない
hep................ ずっと
hepatit........... 肝炎
hepsi.............. 皆（みな）、全部
her .... 毎（回、日など）
her ikisi .... 両方
herhalde......... いずれにしても
her neyse........ とにかく
her zaman....... いつも
her zamanki gibi.... 相変わらず
herif............... あいつ
herkes........... 全員
herkesçe sevilen.... 人気がある
hesap............. 会計
hesap numarası.... 口座番号
hesaplamak .... 計算する、見積る、勘定する
heves............. 意欲
heyecanlanmak.... 興奮する
heykelcilik .... 彫刻
Hristiyanlık ...... キリスト教
hırsız............. 泥棒
hırsızlık .... 盗難
hız................ スピード
hızlı .... 速い
hiç................. まったく～ない
hilal .... 三日月
hindi .... 七面鳥
Hindistan........ インド
Hindistan cevizi.... ココナッツ
Hindu .... ヒンズー教
Hintli............. インド人
hipermetropluk 遠視
hissetmek ...... 感じる
hizmetçi .... 召使
hobi.............. 趣味
hoca............. 僧侶
Hollanda .... オランダ
Hollandalı .... オランダ人
Hong Kong..... 香港

hoş................ ゆかいな、たのしい
hoşgeldiniz ..... いらっしゃい
hoşgörülü .... 気が大きい
hoşlanmak ...... 気に入る、好きになる
hostes .... スチュワーデス
hoşuna gitmek 気に入る
hudut............. 境界
hurma .... ナツメヤシの実
huy................ 性格
huzur............. 安定、平安、出席
hükümet.......... 政府

I

ıhlamur........... 菩提樹
ılıca .... 温泉
ılık .... 暖かい
Irak .... イラク
Iraklı .... イラク人
ırk .... 人種
ırkçılık .... 人種差別主義
ırmak............. 川
ısınmak .... 暖まる
ısı derecesi .... 気温
ışık .... 光
ısıtmak .... 暖める
ıslak .... しめった
ıslak peçete .... おしぼり
ısmarlamak ..... 注文する
ıspanak .... ほうれん草
ıssız .... さびしい
ızgara............ バーベキュー

i

iade............... 返却
ibadet............ 礼拝
iç................. なか、うち
İbranice.......... ヘブライ語
iç çamaşırı ...... 下着
içecek .... 飲み物
içeri .... 中
içerik .... 内容、中身
içine koymak... 入れる
içki .... 酒
içmek .... 飲む、吸う
idam.............. 死刑
idare............. 管理
idare etmek.....
　　　経営する、節約する、操作する
iddia.............. 主張
ideal............. 理想
idrar .... しょうべん
ifade............. 証言、説明
ifade etmek..... 表現する
iflas.............. 破産
iftar.............. 断食明けの食事
iğne.............. 針、注射

iğrenç............ いやな、不快な
ihanet etmek... 裏切る
ihmal .... 無視
ihracat........... 輸出
ihtimal .... 可能性
ihtiva etmek .... ふくむ
ihtiyaç .... 必要
ihtiyar .... 老人
iki 2
iki günde bir ... 1日おき
ikinci dünya savaşı... 第2次世界大戦
ikinci mevki .... 2等（席）
iklim .... 気候
ikna .... 説得
ikram .... 歓待
ikramiye .... 賞品、ボーナス
iktidarsızlık .... インポテンツ
il.................. 県
ilaç .... 薬
ilave etmek ..... 追加する
ile（with）...... ～と～
ileri .... まえ、前方
iletişim .... 通信
ilgi .... 興味、関心
ilgilenmek........ 興味がある
ilginç .... おもしろい
ilişki.............. 関係
ilk .... 初めての
ilkbahar.......... 春
ilk kez............ はじめて
ilkokul............ 小学校
iltihap .... 炎症
imal etmek ..... 製造する
imalat sanayi .. 製造業
imkansız .... 不可能
imza............. サイン
inanç............. 信仰
inanmak .... 信じる
inatçı .... 頑固な
ince .... うすい(厚さ)、細い
inci .... 真珠
incir .... イチジク
indirim .... 割引き
indirmek......... 値引きする
inek.............. 牛
İngiliz .... イギリス人
İngilizce.......... 英語
İngiltere.......... イギリス
inmek............. 降りる、着陸する
inşaat............ 建築、工事
insan............. 人間
insanlık .... 人間性
internet .... インターネット
intihar............ 自殺
ip................ 糸
ipek............... 絹

116

iptal etmek	キャンセルする
İran	イラン
İranlı	イラン人
ishal ilacı	下痢どめ
ishal olmak	下痢をする
isim	名前、名詞
İslam	イスラーム
İspanya	スペイン
İspanyol	スペイン人
İsrail	イスラエル
istasyon	駅
istek	望み
istemek	希望する、望む、欲する
istiklal	独立
İsviçre	スイス
İsviçreli	スイス人
iş	仕事、用事
iş adamı	実業家（男）
iş kadını	実業家（女）
işaret etmek	指す
işaretparmağı	人差し指
işçi	労働者
işgal	占領
işkence	拷問
işlem	手続き
işsiz	無職
işsizlik	失業
iştah	食欲
işte	ほら（感嘆）
işten kovulmak	首になる（解雇）
itaatlı	素直
İtalya	イタリア
İtalyan	イタリア人
itfaiye	消防署
ithalat	輸入
itiraz etmek	抗議する
itmek	押す
iyi	いい、気持ちいい
iyi geceler	おやすみなさい
iyileşmek	回復する、治る
iz	あと、足跡
izin	許可
izlemek	じっと見る
izlenim	印象

J

jandarma	憲兵（隊）
Japon	日本人
Japon yemeği	日本食
Japon yeni	日本円
Japonca	日本語
Japonya	日本
jest	ジェスチャー
jeton	ジェトン
jilet	カミソリ

K

kaç saat	何時間
kaba	無作法な
kabak	カボチャ、ズッキーニ
kabalık	失礼
kabiliyet	才能、能力
kabız	便秘
kaç çeşit	何種類
kaç kişi	何人
kaç para	いくら
kaç tane	いくつ、何個
kaçakçılık	密輸
kaçmak	にげる
kadar	～ぐらい
(e)kadar	～まで
kader	運命
kadın	女、女性
kadın doktoru	婦人科医
kadın külotu	パンティー
kafa	頭
kağıt	紙
kağıt fişeği	爆竹
kahraman	英雄
kahvaltı	朝食
kahve	コーヒー
kahve rengi	茶色
kaka yapmak	うんちをする
kalabalık	混雑、にぎやかな
kalamar	イカ
kaldırım	歩道
kaldırmak	起こす、上げる（上に）
kale	城
kalem	ペン
kalın	厚い
kalkmak	起きる、立つ
kalite	品質
kalmadı	売り切れ
kalmak	泊る、残る
kalorifer sistemi	暖房
kalp	心臓、心
kampanya	キャンペーン
kamuoyu	世論
kamyon	トラック
kan	血
kan gurubu	血液型
kanama	出血
Kanboçyalı	カンボジア人
kandırmak	だます
kanıt	証拠
kanser	ガン
kapak	フタ
kapamak	閉める
kapanmak	閉まる
kapatmak	閉じる
kapı	ドアー、門

kapıcı	管理人
kapitalizm	資本主義
kaplan	トラ
kaplumbağa	亀
kapmak	ひったくる
kar	雪、利益
kara	大陸、陸、黒い、地面
karaciğer	肝臓
Karadeniz	黒海
karagöz	影絵芝居
karakol	警察署
karanlık	闇、暗い
karar	決心
kararlı	決定した
kararsız	どっちつかずの
karar vermek	決める
karasinek	ハエ
kardeş	兄弟
karı	妻
karides	エビ
karikatür	マンガ
karı koca	夫婦
karın	お腹
karın ağrısı	腹痛
karınca	アリ
karışık	まざっている
karıştırmak	かきまぜる
karnı acıkmak	お腹がすく
karnıbahar	カリフラワー
karpuz	すいか
karşı	向い
karşı çıkmak	反対する
karşı taraf	反対側
karşılamak	むかえる
karşılaştırmak	比べる
kart	カード、名刺
kartpostal	絵はがき
kas	筋肉
kasa	金庫、レジ
kasap	肉屋
kaset	カセットテープ
Kasım	11月
kaş	まゆげ
kaşar peyniri	カシャールチーズ
kaşık	スプーン
kaşıntı	かゆみ
kat	～階、～倍
katlamak	折る、たたむ
katmak	加える、足す
kavga	ケンカ
kavşak	交差点
kavuşmak	めぐり会う
kayak	スキー
kaybetmek	うしなう、なくす
kaybolmak	なくなる、いなくなる
kaydetmek	登録する、録音する

kayık	ボート	kız	女の子、娘	Koreli	韓国人
kayıp eşya	落とし物	kız kardeş	姉妹	korkak	気が小さい
kayısı	あんず	kızarmak	赤面する	korkmak	こわがる
kaymak	すべる	kızartmak	揚げる、炒める	korkunç	こわい
kaynamak	沸騰する	Kızılay	赤新月社（イスラム圏）	korkutmak	脅す、こわがらせる
kaynatmak	沸かす	Kızılhaç	赤十字社	korsan	海賊
kaza	事故	kızmak	怒る	korumak	守る、保護する
kazak	セーター	kibar	上品な	korunmak	身を守る
kazanmak	儲ける、勝つ	kibir	うぬぼれ	koşmak	走る
kazmak	掘る	kilise	教会	koşul	条件
kebap	焼肉	kilitlemek	カギをかける	kot pantolon	ジーンズ
keçi	山羊	kilo	キログラム	Katolik	カトリック
kedi	ネコ	kilometre	キロメートル	kova	バケツ
kefaletname	保証書	kim	だれ	kovalamak	追う
kefil	保証人	kimi	ある（もの、人、部分）	koymak	置く、しまう、当てる
kek	ケーキ	kimi zaman	ときどき	koyu	濃い
kekik	オレガノ	kimlik	身分証明書	koyun	羊
kel	ハゲ	kimse	誰か、誰も〜ない	köken	起源、生産地
kelebek	蝶	kimya	化学	köle	奴隷
kelime	単語	kin	うらみ	kömür	炭
kemer	ベルト	kir	垢	köpek	犬
kemik	骨	kiralık araba	レンタカー	köprü	橋
kenar	端	kiralık ev	貸家	kör	盲目
kendi	自分	kiraz çiçeği	サクラ	körfez	湾
kepçe	お玉	kireç	石灰	Körfez Savaşı	湾岸戦争
kepenk	シャッター	kirlenmek	よごれる	köşe	角（かど）
kere	〜回	kirletmek	汚す	kötü	
kesinlikle	必ず	kişi	人		悪い、気持ち悪い、まずい（事態）、ひどい
keskin	するどい	〜 kişilik	〜人分の	kötü davranış	態度が悪い
kesmek	切る	kitap	本	kötülük	悪
kestane	栗	kitap okuma	読書	köy	村
keşke	〜であればよいのに	kitapçı	本屋	kral	王
keyifli	機嫌がいい	klasik	クラシック	kraliçe	王女
keyifsiz	機嫌が悪い	klavye	キーボード	kredi kartı	クレジットカード
kibar	上品、ていねいな	klima	エアコン、冷房	kriz	危機
Kıbrıs	キプロス	koca	夫	kuaför	美容院
kıç	ケツ	kokakola	コカコーラ	kucaklamak	抱く
kıl	毛	koku	香り	kuduz	狂犬病
kılıç	刀	kol saati	腕時計	kulak	耳
kınamak	非難する	kolay	簡単、易しい、楽な	kulak burun boğaz doktoru	耳鼻咽頭科
kırık	こわれた	koltukaltı	わきの下	kule	塔
kırılmak	こわれる	kompres	湿布	kullanışlı	便利
kırmak	砕く	komşu	隣	kullanmak	つかう
kırmızı	赤い	komünizm	共産主義	kum	砂
kırmızı biber	とうがらし	kondüktör	車掌	kumar	賭けごと
kırmızı şarap	赤ワイン	konsantrasyon	集中力	kumaş	織物、布
kırtasiye	文房具	konser	コンサート	kur	レート
kış	冬	konsolosluk	領事館	Kuran	コーラン
kısa	みじかい	kontrol	検査	kurbağa	カエル
kısa süre	短期	konuşkan	おしゃべりな	kurban	犠牲
kıskanç	やきもちやきの	konuşma	会話	Kurban Bayramı	犠牲祭
kıskanmak	うらやましく思う、嫉妬する	konuşmak	話す	kurmak	設立する
kısmet	運命	konyak	ブランデー	kurşunkalem	エンピツ
kıta	陸	koparmak	切りはなす	kurt	オオカミ
kıyaslamak	比較する	kopmak	切れる	kurt	毛虫
kıyı	海岸	Kore	韓国	kurtarmak	解放する、救う

kurtulmak	解放される、救われる
kuru	乾燥した
kuru temizleme	ドライクリーニング
kuruluş	施設、組織
kurumak	乾く
kurutmak	乾かす、干す
kuş	鳥
kuşkulanmak	疑う
kusmak	吐く
kusur	欠点、短所
kutlamak	いわう
Kutlu olsun	おめでとう
kutsal	神聖な
kutu	箱
kutup	（南・北）極
kuzey	北
kuzu	子羊
küçük kardeş	弟
küçük kız kardeş	妹
küçük	ちいさい
küçülmek	ちぢむ
küfretmek	ののしる
kül	灰
kül tablası	灰皿
külot	パンツ
kültür	文化
küpe	イヤリング
küleselleşme	グローバリズム
kürk	毛皮
Kürt	クルド人
kürtaj	中絶
kütüphane	図書館
küvet	バスタブ

L

lacivert	紺色
laf	はなし
lahana	キャベツ
lakap	愛称
lale	チューリップ
lamba	電灯、ランプ
lastik ayakkabı	スニーカー
leke	染み
lezzetli	おいしい
liman	港
limon	レモン
lise	高校
lobi	ロビー
lokanta	食堂
lunapark	遊園地
Lübnan	レバノン
lütfen	どうぞ～、どうか～

M

maaş	給料
maç	試合

macera	冒険
madde	項目、物質
mahalle	区
mahkeme	裁判所
mahvetmek	台無しにする
mahvolmak	台無しになる
makale	記事
makarna	スパゲッティー、マカロニ
makas	はさみ
makine	機械
maksat	意図
makyaj	化粧
makyaj malzemesi	化粧品
mal	商品
Malezya	マレーシア
malzeme	材料
mana	意味
manav	八百屋
mantar	マッシュルーム
mantıklı	論理的な、合理的な
mantıksız	不合理な
manzara	景色
Mart	3月
marul	サニーレタス
masa	机、テーブル
masaj	マッサージ
masal	おとぎばなし
maske	面（お面）
masraf	費用、経費
masturbasyon	オナニー
mavi	青い
maydanoz	イタリアンパセリ
Mayıs	5月
maymun	サル
mayo	水着
McDonald	マクドナルド
meclis	国会
medeniyet	文明
Medine	メディナ
Mekke	メッカ
mektup	手紙
melek	天使
melez	混血の
meme	おっぱい
memleket	国、領土、故郷
memnun olmak	満足する
memur	役人
mendil	ハンカチ
menü	メニュー
Merak etme	だいじょうぶ
merak etmek	気になる
meraklılık	好奇心
mercan	サンゴ
mercimek	レンズ豆
merdiven	階段
merhaba	こんにちは

merkez	中心
mesafe	距離
mesela	たとえば
meslek	職業
meşgul	使用中、いそがしい
meşhur	有名な
metre	メートル
metro	地下鉄
mevki	席、地位
mevsim	季節
meydan	広場
meyve	くだもの、実
meyve suyu	ジュース
mezar	墓
mezun	卒業した
Mısır	エジプト
mısır	トウモロコシ
Mısırlı	エジプト人
mide	胃
midye	ムール貝
miktar	量
millet	民族、国民
milletvekili	国会議員
milli bayrak	国旗
milli marş	国歌
milli park	国立公園
milliyetçi	民族主義者
mimar	建築家
minnet	恩
misafir	客
mitoloji	神話
miyop	近眼
mizah	ユーモア
mobilya	家具
moda	オシャレ、ファッション、流行
mor	紫
motosiklet	オートバイ
muamma	謎
muayene	診察
mucize	奇跡
mum	ロウソク
mutfak	台所
mutlaka	絶対に
mutlu	しあわせな
mutluluk	幸福
mutsuz	不幸な
muz	バナナ
mücadele etmek	たたかう
mücevher	宝石
müdür	重役、支配人
mühendis	エンジニア
mükemmel	素晴らしい、完璧な
mülk	不動産
mülteci	難民
mümkün	可能な
müracaat	申請

ku → mu

119

Müslüman....... イスラム教徒
müşteri........... （商売上の）客、宿泊客
müthiş............. おどろくべき
müze.............. 博物館
müzik .... 音楽

N

nabız.............脈拍
nadir...............まれな、めずらしい
nakit para.......現金
namaz............礼拝
namaz kılmak .礼拝する
namus............名誉
nane...............ミント
nar ....柘榴
nargile............水タバコ
narin...............スリムな
nasıl?.............どうやって？
Nasılsınız?......元気ですか？
nasır...............うおのめ
nazar..............邪視
Nazar değmesin...........
　　　　災いがふりかかりませんように
nazlı .... わがままな、ブリっこな
nazik .... 親切な、優しい、ていねいな
ne kadar..........いくら
ne yazık ki...... あいにく
ne zaman.......いつ
ne?.................なに？
neden.............理由、原因
neden?...........なぜ？
nefes.............呼吸
nefret etmek.... 嫌になる、きらう
nem...............湿度
nemli..............湿っぽい
nere ....どこ
neresi ....どこ
nesil ....子孫
neşeli.............明るい（性格）
neyse.............とにかく
niçin? ....なぜ？
nikah..............結婚式
nine................祖母
Nisan 4月
nişan almak .... （…を）目指す
nişanlanmak ... 婚約する
nişanlı ....婚約者
Nobel Ödülü ... ノーベル賞
Noel...............クリスマス
Noel baba .... サンタクロース
nokta..............点
normal............普通
not.................成績
numara ....番号
nüfus..............人口

O

o.....................彼、彼女、あれ、それ
o kişi ....あの人
o zaman..........あの頃
Ocak 1月
oda.................部屋
oda arkadaşı...ルームメイト
oğlan..............少年
oğul ....息子
oje.................マニキュア
okşamak ....なでる、愛撫する
okul................学校
okuma yazma .読み書き
okumak ....読む
olabilir ....ありうる
olağan............あたり前
olay................事件
oldukça ....かなり
olimpiyat ....オリンピック
olmak ....なる、ある
olmaz!.............ダメ！
omuz..............肩
on...................10
on bin............万
onarmak ....修理する
onaylamak ......みとめる
ondan sonra....それから
onlar...............彼ら、それら
onur ....名誉
orada ....あそこで
oradan ....あそこから
oran ....比率
orası ....あそこ
oraya..............あそこへ
ordu ....軍隊
orman ....森
orta ....中級の、まん中
Ortadoğu ....中東
ortak ....共同で仕事する人
ortalama ....平均
ortam ....雰囲気
ortaokul ....中学校
ortaparmak ..... 中指
oruç...............断食
ot...................草
otel................ホテル
otobüs............バス
otomatik ....自動
otopark...........駐車場
otoyol.............高速道路
oturmak ....住む、すわる
oy..................投票
oya................ふちどりレース
oynamak ....遊ぶ

oyun................ゲーム、劇
oyun kağıdı..... トランプ
oyuncak ....おもちゃ
oyuncu...........選手、俳優

Ö

öbür gün .... あさって
ödemek...........払う
ödev...............宿題
ödül................賞
ödünç almak .. 借りる
ödünç vermek .貸す
öfke................怒り
öğle................昼、正午
öğle tatil .... 昼休み
öğle yemeği .... 昼食
öğleden önce.. 午前
öğleden sonra.午後
öğrenci...........学生、生徒
öğrenmek ...... ならう
öğretmek .... 教える
öğretmen ....教師、先生
öksürük ....咳
ölçmek ....計る
ölçü ....寸法
öldürmek..... 殺す
ölmek.............死ぬ
ölüm...............死
ömür ....一生
ön taraf ....正面
önce...............前に
önemli ....大切な
önemsemek ... 大切に思う
önemsiz ....重要でない
önleme............防止
önlemek ....ふせぐ、予防する、避ける
önyargı...........偏見
öpmek............キスする
öpücük ....キス
ördek..............鴨
(evcil)ördek.....アヒル
örgü ....編物
örgüt...............組織
örnek..............見本、例
örtmek ....おおう
örüncek ....クモ
öteki ....別の、他の
ötmek.............鳴く
övmek ....ほめる
övünç ....得意
övünmek ....自慢する
öyle ....そのような
özel ....私立、特別
özel ürün ....特産物
özellik.............特徴
özellikle..........特に

120

özgürlük	自由
özlemek	恋しく思う
özür	弁解
Özür dilerim	ごめんなさい
özür dilemek ...	謝る
özürlü	身体障害者

P

pahalı	高い（値段）
paket	小包
palto	オーバー（服）
pamuk	綿
panjur	シャッター
pantolon	ズボン
papaz	牧師
para	おカネ
para bozmak ...	両替する
para üstü	おつり、つり銭
para yatırmak ..	預金する
parça	一部、部品
parfüm	香水
park	公園
park edilmez	駐車禁止
park etmek	駐車する
parlak	ピカピカの
parmak	指
pasaport	パスポート
pasaport numarası	旅券番号
pasta	菓子
pastane	喫茶店
pastırma	干し肉
patates	ジャガイモ
patlamak	爆発する、パンクする
patlıcan	ナス
patron	社長
pay	割り当て
paylaşmak	分け合う
pazar	青空市場
pazarlık	値段交渉
pazar	日曜日
pazartesi	月曜日
peçe	ヴェール
peçete	ナプキン
pek	とても、たいへん
peki	よし、わかった
pembe	ピンク
pencere	窓
penis	おちんちん
perakende	小売の
perde	カーテン
perma	パーマ
perşembe	木曜日
peşin	前払いの
petrol	石油
peygamber	預言者
peynir	チーズ

pide	トルコ風ピザ
piknik	ピクニック
pil	電池
pilav	ピラフ
pirinç	米、稲
piriz	コンセント
pis	きたない
pişirmek	料理する、煮る
pisletme	公害
pişman	後悔している
piyango	宝くじ
piyano	ピアノ
plan	計画
plastik	プラスチック
platik yapmak ..	練習する
platin	プラチナ
polis	警察、警察官
politika	政治
portakal	オレンジ
portakal rengi ..	オレンジ色
Portekiz	ポルトガル
Portekizli	ポルトガル人
posta	郵便
posta ücreti	郵便料金
posthane	郵便局
prezervatif	コンドーム
program	プログラム
pul	切手

R

radyo	ラジオ
raf	棚
rahat	心地よい
rahatlamak	気が楽になる
rahatsız	不愉快な、気分が悪い
rakı	ラク
rakip	ライバル
rasgele	いいかげん
rastlantı	偶然
reçel	ジャム
reçete	処方箋
reddetmek	ことわる
rehber	ガイド
rehber kitabı	ガイドブック
rehberlik yapmak	案内する
rehin	質
rejim	ダイエット
rekabet	競争
reklam	広告
rende	おろし金
renk	色
renkli film	カラーフィルム
resepsiyon	フロント
resim	絵、模様（図柄）
resim yapmak ..	絵をかく
resmi	フォーマル

ressam	画家
restoran	レストラン
rezervasyon	予約
rica etmek	たのむ
riske sokmak ...	賭ける
roman	小説
Romanya	ルーマニア
röntgen	レントゲン
ruh	精神、霊
ruh durumu	気持ち
ruj	口紅
Rum	（トルコ在住）ギリシャ人
Rumen	ルーマニア人
Rus	ロシア人
Rusya	ロシア
rüşvet	わいろ
rüya	夢
rüya görmek ...	夢を見る
rüzgar	風

S

saat	時、時刻、時計
saat farkı	時差
saat kaç	何時
sabah	朝
sabırlı	気が長い
sabırsız	気が短い、短気
sabun	セッケン
saç	髪
saçma	くだらない
saç modeli	ヘアスタイル
sade	シンプルな
sadece	単に
saf	純粋な
saf altın	純金
sağ	右
sağlam	じょうぶな
sağlık	健康
sağlıklı	健康な
sahil	海岸
sahip	持ち主
sahne	舞台
sahte	ニセモノ
sakal	あごひげ
sakat	身体障害者
sakin	しずかな
saklamak	しまう、かくす
saklanmak	かくれる
salata	サラダ
salatalık	キュウリ
saldırmak	おそう
sarı	火曜日
sallamak	揺らす
sallanmak	揺れる
salon	居間
samimi	誠意ある

Öz → sa

121

sanat	芸術	
sanatçı	芸術家	
sanayi	工業	
sancı	急な痛み	
saniye	秒	
sanki	まるで〜	
sanmak	思う、考える	
sapık	変態	
saray	宮殿	
sargı	包帯	
sarhoş olmak	酔う	
sarı	黄色	
sarışın	金髪	
sarkmak	さがる	
sarmak	つつむ、巻く	
sarmısak	にんにく	
satıcı	セールスマン	
satın almak	買う	
satmak	売る	
savaş	戦争	
savunmak	守る、弁護する	
sayfa	ページ	
saygı	尊敬、尊重	
sayı	数字	
saymak	数える	
sebep	理由、原因	
sebze	野菜	
seçenek	選択肢	
seçim	選挙	
seçmek	選ぶ	
sekiz	8	
sekreter	秘書	
selam	あいさつ	
Selam söyle	よろしく伝えて	
selpak	ティッシュペーパー	
semt	地区	
sen	おまえ、君、あなた	
senin	君の、あなたの	
sepet	カゴ	
seramik	陶器	
serbest	自由な	
serçeparmak	小指	
sergi	展示会	
serin	すずしい	
sert	硬い、頑固、きびしい	
servis ücreti	サービス料	
ses	音、声	
sessiz	無言の、おとなしい	
sevgi	愛、恋	
sevgili	恋人、愛人	
sevimli	かわいい	
sevinçli	うれしい	
sevinmek	よろこぶ	
sevişme	性交	
sevmek	愛する	
seyahat	旅行	

seyahat çeki	トラベラーズチェック	
sezmek	勘でわかる	
sıcak	暑い	
sıcak duş	ホットシャワー	
sıcak su	湯	
sıfır	ゼロ	
sık sık	しばしば	
sıkı	きつい	
sıkıcı	たいくつ	
sıkılmak	退屈する	
sıkıntılı	気が重い	
sıkışmak	しめつけられる	
sıkıyönetim	戒厳令	
sıkmak	しぼる	
sınav	検査、試験	
sınıf	教室	
sınıf arkadaşı	クラスメート	
sınır	国境	
sır	秘密	
sıra	順序	
sırt	背中	
sızmak	漏る	
sidik	尿	
sigara	タバコ	
sigara bırakmak	禁煙する	
sigara içilmez	禁煙	
sigara içme salonu	喫煙室	
sigara içmek	タバコを吸う	
sigorta	保険	
sigorta şirketi	保険会社	
silah	兵器	
silgi	消しゴム	
silmek	消す	
sinema	映画館	
sinir	神経	
sinirlenmek	イライラする	
sinirli	神経質な	
sipariş vermek	注文する	
sirke	酢	
sis	霧	
sivrisinek	蚊	
siyah	黒い	
siyaset	政治	
siyasetçi	政治家	
siz	あなた、あなたたち	
sizin	あなたの	
soba	ストーブ	
soğan	タマネギ	
soğuk	さむい、つめたい、風邪	
soğumak	さめる	
sohbet	おしゃべりの	
sokak	通り	
sokmak	差し込む	
sol	左	
son	最後の、終わり	
son durak	終点	

son zamanlarda	最近	
sonbahar	秋	
sonra	あとで	
sonraki	次	
sonuç	結果	
sormak	たずねる、問う	
soru	疑問、質問	
sorumlu	責任がある	
sorun	問題（problem）	
sorun yok	問題ない（No problem）	
sos	ソース	
sosyalizm	社会主義	
soyasosu	しょうゆ	
soygun	強盗	
sökmek	抜く	
sömürge	植民地	
sönmek	消える	
söylemek	言う	
söz	約束、ことば	
sözleşme	契約	
sözlük	辞書	
spor	スポーツ	
spor yapmak	運動する	
stadyum	競技場	
su	水	
suç	犯罪	
suçlu	犯人	
Sünni	スンニー派	
sur	城壁	
Suriye	シリア	
Suriyeli	シリア人	
susamak	のどが乾く	
suya dayanaklı	耐水性のある	
sünnet	割礼	
süpermarket	スーパーマーケット	
süre	期間	
sürmek	つづく	
süt	牛乳、ミルク	
sütyen	ブラジャー	

Ş

şahane	豪華な	
şahit	証人	
şair	詩人	
şaka	じょうだん	
şalvar	トルコ風モンペ	
şampuan	シャンプー	
şans	運	
şanslı	運がいい	
şapka	ぼうし	
şarap	ワイン	
şarkı	歌	
şarkı söylemek	歌う	
şarkıcı	歌手	
şart	条件	
şaşırmak	おどろく、迷う	

şeftali	桃	
şehirlerarası telefon kodu	市外局番	
şehir	市、都市	
şeker	砂糖	
Şeker Bayramı	砂糖祭	
şeker hastalığı	糖尿病	
şekerleme	居眠り、うたたね	
şekil	形	
şemsiye	カサ	
şerefe	乾杯	
şey	物	
şeytan	悪魔	
şık	オシャレな	
Şiî	シーア派	
şiddetli	暴力	
şifre	暗証番号	
şiir	詩	
şikayet etmek	苦情を言う	
şimdi	今	
şimdiki zaman	現在	
şimdiden	すでに	
şirket	会社	
şirket elemanı	会社員	
şiş	くし（串）	
şişe	ビン	
şişko	デブの	
şişman	ふとった	
şive	方言	
şoför	運転手	
şöyle	そんな	
Şubat	2月	
şu	それ	
şurada	そこで	
şuradan	そこから	
şurası	そこ	
şuraya	そこへ	
şüpheli	あやしい	
şüphesiz	疑いのない	

T

tabak	皿	
taban	床	
tabela	看板	
tabii	もちろん	
taburcu olmak	退院する	
tadına bakmak	味見する	
tahmin	予想	
takım elbise	スーツ	
takmak	つける	
taksi	タクシー	
taksi durağı	タクシー乗り場	
taksit	月賦	
takvim	カレンダー	
talep etmek	請求する	
tam	ちょうど	
tamam	オッケー	

tamamlamak	完了する	
tanışmak	知り合う	
tanıtmak	紹介する	
tank	戦車	
tanrı	神	
tanrıça	女神	
tansiyon	血圧	
tapınak	寺院	
tapmak	おがむ	
taraf	がわ、方面	
tarak	くし（櫛）	
tarım	農業	
tarih	歴史	
tarla	たんぼ、畑	
tartışma	論争	
taş	石	
taşımak	はこぶ	
taşınmak	ひっこす	
tat	味	
Tatar	タタール人	
tatil	休暇、休日	
tatlı	あまい、デザート	
tatmak	味わう	
tatsız	まずい（食物）	
tava	フライパン	
tavan	天井	
tavşan	うさぎ	
tavsiye	推薦	
tavuk	ニワトリ	
tayfun	台風	
taze	新鮮	
tazminat	弁償	
Tebrik ederim	おめでとう	
tedavi	治療	
tehlikeli	あぶない	
ters	裏	
tek başına	一人で	
tedavi	治療	
tek kişilik oda	シングルルーム	
tek	ただ一つの	
tek yol	片道	
teklif	提案	
teknik	技術	
teknik direktör	（チームの）監督	
tekrar	ふたたび	
tekrarlamak	くり返す	
tel zımba	ホチキス	
telaffuz	発音	
telaş	あわてること	
telefon	電話	
telefon etmek	電話する	
telefon numarası	電話番号	
televizyon	テレビ	
tembel	怠け者	
temel	基礎	
temiz	清潔な	

temizlik	そうじ	
Temmuz	7月	
ten	肌	
tencere	ナベ	
teneke	缶	
tenis	テニス	
tepe	丘	
ter	汗	
terbiye	教養	
tercüme	翻訳	
tereyağı	バター	
terlik	スリッパ	
terzilik	仕立	
tesadüf	偶然	
teşekkür ederim	ありがとう	
teşekkür etmek	感謝する	
testi	瓶（カメ）	
teyze	おば（母方）	
tezgahtar	店員	
tıkanmak	詰まる	
tılsım	お守り	
tıp	医学	
tıraş	ヒゲそり	
tırmanmak	登る	
tırnak	爪	
tilki	きつね	
timsah	ワニ	
tipik	典型的な	
titreşim	バイブレーション	
tiyatro	劇場	
tok	満腹の	
toka	髪どめ	
tokalaşma	握手	
tokat	びんた	
Tokyo	東京	
tombul	ぽっちゃりした	
tonbalığı	マグロ	
top	ボール	
toplamak	集める、かたづける	
toplanmak	集まる	
toplantı	会議	
toplum	社会	
toprak	土、地面、土地	
topuk	かかと	
topuklu ayakkabı	ハイヒール	
torba	袋	
torun	孫	
tost	トースト	
toz	ホコリ	
trafik	交通、渋滞	
trafik kazası	交通事故	
transfer	移籍	
tren	電車、列車	
tuhaf	不思議な	
tur	ツアー	
turist	ツーリスト、観光客	

turizm acentası	旅行代理店
turşu	ピクルス
turuncu	オレンジ色
tutku	情熱、とりつかれていること
tutmak	つかむ
tutucu	保守的な
tuvalet	トイレ
tuvalet kağıdı	トイレットペーパー
tuz	塩
tuzak	罠
tuzlu	しおからい
tüccar	商人
tükenmek	なくなる、消費する
tükenmezkalem	ボールペン
tüm	全て（の）
tünel	トンネル
Türk	トルコ人
Türk kahvesi	トルココーヒー
Türkçe	トルコ語
Türkiye	トルコ
türkü	フォークソング

U

ucuz	安い
ucuzluk	安売り
uçak	飛行機
uçak bileti	航空券
uçak postası	航空便
uçak şirketi	航空会社
uçmak	飛ぶ
uçurum	崖
ufak	些細な
ufuk	地（水）平線
uğramak	立ち寄る
uğraşmak	がんばる
uğur	幸運、吉兆
uğurlamak	見送る
ulaşım	交通
ulus	民族、国民
uluslararası telefon	国際電話
un	小麦粉
unutmak	忘れる
usulu	行儀がいい、おとなしい
utangaç	恥ずかしがりの
utanmak	恥ずかしがる
uyanmak	起きる
uyar	注意、警告
uygulamak	適応する
uygun	適った、合った
uyum	調和
uyku	眠り
uykusuzluk	不眠症
uymak	合う、つりあう
uyumak	眠る
uyuşmak	気が合う、しびれる
uzak	遠い

uzatmak	のばす、手渡す
uzay	宇宙
uzman	専門家
uzun	長い

Ü

ücret	料金、手数料
ücretli	有料の
üç	3
üçgen	三角
ülke	国、領土
ülke kodu	国番号（国際電話）
üniversite	大学
üniversite öğrencisi	大学生
ünlü	有名な
Ürdün	ヨルダン
ürün	製品
üs	基地（軍隊）
üst	上、表面
üstelik	さらに、
üşütmek	かぜをひく
ütü	アイロン
üye	会員
üyelik kartı	会員証
üzeri	上
üzücü	残念
üzügün	悲しい
üzülmek	残念に思う
üzüm	ブドウ

V

vaftiz	洗礼
vajina	女性器
vakit	時間
vantilatör	扇風機
vapur	フェリー
var	ある、いる
varış	到着
varış saati	到着時刻
varmak	到着する
varsaymak	仮定する
vatan	祖国
vazgeçmek	あきらめる
ve	そして、～と～（and）
veda	別れのあいさつ
vekil	代理
vergi	税金
vermek	あげる（人に）、わたす
video	ビデオデッキ
viski	ウイスキー
vitrin	ショーウインドウ
vize	ビザ
vurmak	たたく、打つ（物、人を）
vücut	からだ

Y

yabancı	他人、外国人
yabancı dil	外国語
yabancı öğrenci	留学生
yabancı ülke	外国
ya da	あるいは
yağ	油、脂肪
yağmak	～が降る
yağmur	雨
Yahudi	ユダヤ人
yaka	エリ（襟）
yakalamak	つかまえる
yakın	近い
yakışıklı	カッコイイ、ハンサム
yakışmak	合う
yaklaşık	約（およそ）
yaklaşmak	近づく
yakmak	焼く
yakut	ルビー
yalan	うそ
yalan söylemek	うそをつく
yalancı	うそつき
yalnız	一人で
yalnız	ただ、単に、でも
yalnızlık	孤独
yan	横の
yanak	ほほ
yanardağ	火山
yangın	火事
yanık	ヤケド
yanılmak	まちがう
yani	つまり
yankesici	スリ
yanlış	間違いの
yanlış anlamak	誤解する
yanmak	燃える、こげる
yapabilir, yapılabilir	～できる
yapamaz, yapılamaz	～できない
yapışmak	くっつく
yapıştırmak	くっつける、貼る
yapmak	する、つくる、おこなう
yaprak	葉
yaptırmak	させる
yara	傷、ケガ
yaralamak	傷つける
yaralanmak	傷つく
yaramaz	いたずらな、行儀が悪い
yararlı	役に立つ
yardım etmek	助ける、援助する、手伝う
yarım	半分
yarım gün	半日
yarımada	半島
yarımay	半月
yarın	明日
yarın akşam	明晩

yarışma	競争
yarı yarıya	半々に
yaş	年齢
yasa	法律
yasak	禁止
yasal	合法的な
yastık	まくら
yaşam boyu	一生
yaşam	命
yaşamak	生きる
yaşlanmak	年をとる
yaşlı	歳とった
yat	ヨット
yatak	ベッド
yataklı vagon	寝台車
yatmak	寝る、横になる
yavaş	ゆっくり
Yavaş konuşsana!	ゆっくり話して！
yaya	徒歩
yayın	放送
yayınevi	出版社
yaz	夏
yaz tatili	夏休み
yazar	作家
yazı	文章
yazık	もったいない
yazmak	書く
yedek	キャンセル待ち
yedi	7
～ yemeği	～料理
yemek	ごはん、おかず、食べ物
yemek	食べる
yemek vagonu	食堂車
yengeç	カニ
yeni	新しい
yenilgi	敗北
yenilmek	負ける
yenmek	勝つ
yer	場所
yeraltı	地下
yeşil	緑色
yeşil biber	ピーマン
yeşim	ヒスイ
yetenek	才能
yeter	充分な
yetişmek	まにあう
yetiştirmek	そだてる
yetmek	たりる
yıkamak	洗う、洗濯する
yıkılmak	たおれる
yıl	年
yılan	ヘビ
yılbaşı	正月
yıldız	スター、星
yıldız kayması	流れ星
yıldönümü	記念日

yırtmak	破る
yine	また
yine de	そうであっても
yitirmek	失う
yiyecek	たべもの
yoğun	濃い、忙しい
yoğurt	ヨーグルト
yok	ない、留守
yokluk	欠席
yoksa	それとも
yokuş	坂
yol	道
yolcu	乗客
yorgun	つかれた
yorulmak	つかれる
yosun	こけ、海藻
yön	方向
yönetmek	支配する
yönetmen	(映画) 監督
yöresel yemekler	郷土料理
yörük	遊牧民
yukarı	上 (の)
yumuşak	やわらかい
yumurta	タマゴ
Yunanistan	ギリシャ
Yunanlı	(ギリシャの) ギリシャ人
yurt	寮
yurtseverlik	愛国心
yuva	保育所
yuvarlak	まるい
yuvarlak yaka	丸首
yük	荷物
yüksek	高い (高さ)
yüksek bina	高層ビル
yükseklik	高さ
yüksek tansiyon	高血圧
yün	ウール、毛
yürek	心臓、心
yürümek	あるく
yürüyen merdiven	エスカレーター
yüz	顔
yüzey	表
yüzey ölçüsü	面積
yüzme	水泳
yüzmek	泳ぐ、浮く
yüzme havuzu	プール
yüzük	指輪
yüzükparmağı	くすり指
yüzünü yıkamak	洗顔する
yüzyıl	世紀

Z

zafer	勝利
zahmet	苦労、心配
zaman	時
zannetmek	～と思う

zar	サイコロ
zarar	損害
zararlı	有害な
zarf	封筒
zaten	もともと
zavallı	かわいそう
zayıf	やせた、よわい
zehir	毒
zeka	知能
zeki	かしこい
zenci	黒人
zengin	金持ち
zeytin	オリーブ
zeytinyağı	オリーブ油
zevk	喜び
zıt	逆 (の)
ziraat	農業
zincir	鎖
ziyaret etmek	訪れる
zor	むずかしい
zorluk çekmek	苦労する
zorunlu eğitim	義務教育
zümrüt	エメラルド

あとがき

　熱い瞳に見つめられつづけること2年と2ヶ月、私のトルコ生活は21世紀最初の夏を目前に終わりを告げ、私は梅雨の日本へと舞い戻ってきた。友人、知人、さらにはその日初めて会った人までもが「次はいつ来るの？」と訊くのだから、トルコの人々にとって、私が再びトルコの大地を踏みしめるのは、自明のことらしかった。それは私の想いを代弁してくれていた。

　これほどまでに重症で、快復の見込みのない「トルコ病」に陥ったそもそものはじまりは、妙な焦りだけで空回りしていた20歳前後の頃だった。当時短大に通っていた私は、何か一つのめりこめる対象が欲しかった。なんにでもアンテナをはりめぐらせているうちに、トルコが引っかかった。もっとも、当初の私の興味はごくごく限定的なオスマン帝国の歴史のほんの一部分にあった。それは付随的に、イスラーム世界やフェミニズム思想とも関わっていくことを意味し、いつしかそれらのことは、私にとって分かちがたい一グループを構成するようになった。

　トルコ語を勉強し始めたのもトルコに初めて行ったのも、それから随分経ってからだった。現代のトルコにはあまり興味もなかったし、トルコ語もあまりやる気がでなかった。常に金欠状態の私にはトルコ語学習のために学校に通う余裕はなかったから、最初から独学、と心に決めていた。そんなんだから、一人でトルコ語の文法書を開いてはただ閉じるという日々が延々と続いた。

　重い腰をあげて、ここはひとつトルコに行ってみるかな、と思い立ったのが1996年。それまで歴史上のトルコにしか興味のなかった私が、このとき真のトルコ病にかかったといえる。以来毎年トルコを訪れ、挙句の果てに、「絶対トルコ語が勉強したい、そしてトルコにも住んでみたい！」と思わせてしまったのだから、歴史上のトルコに劣らず、現代トルコにも魅了されてしまった、というわけだ。

　では一体なにに魅了されたというのだろう？実際、滞在中はいつも腹を立てていたような気がする。それでも、行きつけの漬物屋のおじさんの、「最近みかけないね、どうしてたの？元気？」なんて言葉でイライラした気分はふっとんだ。バスや電車の中や買い物のときなど、見知らぬ人とじっくり話し込んでしまったりして、そういう人と人の近さがたまらなく好きだ。気が遠くなるほど長い間、様々な人々を抱きこんできたイスタンブルの街を歩いていると、それだけで幸せになったりした。こう書いているそばから、「それだけじゃないんだけどなぁ」と、自分の表現力のなさにもどかしさを感じてしまう。

　トルコを旅行される方々が、現在私たちの社会に存在するトルコや中東に対する偏見というか、ほとんど「知識の欠如」といっていいものを、払拭するような経験をされることを心から願っている。そういった契機はどこにでもあるのだが、警戒心という鎧に身を包むことに勤しんでいると、逃してしまいかねない。私は最初のトルコ旅行で信じられないような詐欺（？）に会ったことがある。後で考えても「よくそんな単純な手に騙されたな」と我ながら感心してしまうが、それもこれもそれまでに会ったトルコ人が、親切の権化のような人たちばかりだったからだ。「騙された、悔しい」というよりも、そこまで私に警戒心をほどかせてしまったトルコ人の親切心、おせっかいぶりに脱帽、である。「助けて」と言う前から、助けたくてうずうずしている人が驚くほど多いのだ。それは、わたしたちが外貨を落としていってくれる外国人だから、ではない。なんの利益もないのに、あるいは自分が損をしてまで助けてしまうのだ。それはトルコ人同士でも繰り広げられる助け合いの光景である。

例えばサフランボルに友人と旅行に行ったときのこと。お土産屋を営む若夫婦の店で布地を物色していると、若い奥さんが、私がトルコ語を話すことを知って異常に喜び、「いつも外国の人たちの手助けをしたいと思うのだけれど、言葉ができないからそれがままならなくてとても残念」と語り、まるで今までのうっぷんを晴らすかのように、私にサフランボルの街の魅力や、日本に関する質問を語り続けた。それは、言葉ができればもっと儲かるのに、というそれとは少し違っていた。確かにそういった気持ちもあるだろうけれど、自分の国、街を訪れる人たちの手助けがしたい、というほとんど私たちの社会の常識からすると理解しがたい（だから私たちは勘ぐってしまう）感情の発露だ。じつに多くのこういった人々にトルコでは出会った。そういった出会いが、私をしてこの国を去りがたくさせていたのだろうと、今にして思う。

本書を手にとって下さった皆様へ。トルコには数日の旅行では回りきれないほどの遺跡、自然、博物館、美しい海岸や島など、数限りない観光スポットがある。それだけだって充実した旅行になること間違いないのだが、せっかくはるばる足を運んだのだから、外国、ましてや日本に行くなんて夢のようでしかないほとんどのトルコ人の、見知らぬ土地の人々と知り合いたい！という旺盛な好奇心に応えるためにも、臆せず会話してみていただきたいと思う。また本書は、一人でも多くの「トルコ病」患者を生み出すことを目論んで書かれているので、くれぐれも用心されたし。

2001 年 8 月　日本の我が家にて　　　　磯部加代子

[第三版] あとがき

第二版を 2006 年 1 月に書いた時からなんと 19 年の年月を経て、こうして［第三版］を出させていただけるのも、ひとえにこれまでこの本を手に取ってくださった方々のおかげです。

案の定、トルコとの関わりは今も続いていて、さらに濃度を増しています。コロナ禍で 2 度、クルドの吟遊詩人デングベジュにまつわるドキュメンタリー映画『Voices from the homeland 地図になき、故郷からの声』（中島夏樹監督）の撮影同行通訳兼コーディネーターとしてトルコの地を訪れました。通訳として、現時点で最も充実した仕事でした。

また、2020 年 11 月から活動を開始した、トルコ出身の女性たちを対象としたボランティアグループである「Gemini オンライン日本語教室」の活動はとても大きなうねりとなっています。語学が苦手な学習者さんたちの生活に役立ててもらいたいと思い、日本語教室のボランティア仲間たちと、クラウドファンディングにより日本語トルコ語会話帳『つながる KİTAP(キタップ)』を自主制作（磯部はトルコ語監修として参加）。この制作に当たって「指さしトルコ」利用者さんたちから頂いた、「この本には本当にお世話になった」という声が背中を押したことは間違いありません。

アプリで検索してしまえば済む便利な世の中だけど、ちょっと不便な本という形には可能性がいっぱい。「ん？その本、何？」手に持っているだけで会話のきっかけになる（はず）。もじもじしながらでもカタカナを頼りに発音してみたら、きっと尊敬の眼差しを浴びまくることでしょう。皆様の旅が便利で快適なだけでなく、愉快で思い出深いものになるよう、ニマニマしながら第三版を送り出します。

2025 年 3 月　丹沢のふもとにて　　　　磯部加代子

著者 ◎ 磯部加代子（いそべ・かよこ）

打ち合せ中、ひっきりなしにかかってくる電話の相手は、トルコ出身の友人ばかり。日本語ばりの滑らかなトルコ語で楽しそうに、時に眉間にシワを寄せながら話しこんでる姿からは、どこに住んでいようとも彼女とトルコは密接に結びついているように見えた。97年から始めたトルコ語はほぼ独学。2年を越える滞在中に知り合ったトルコ人たちが、マン・ツー・マンで教えてくれた。生まれて初めての一人暮らしはトルコ人とのルームシェア。2001年に第一版を完成させた後、在日トルコ資本の会社に4年勤め、トルコ人の上司や同僚との文化的なギャップに悪戦苦闘。一方では様々な境遇のトルコ出身の友人と出会い、現地滞在中よりもさらに濃い「トルコ的生活」を送っている。これから"トルコ"と出会う読者に向けて一言。旅先でなにがあろうとも「トルコだから大丈夫！」。トルコと関わって29年目の今、自信を持って伝えたいという。湘南国際女子短期大学卒業後、複数の大学にもぐりこみ、アラビア語、歴史、思想関係等を学んだ。双子座、B型の73年神奈川県生まれ。現在はフリーランスの通訳、翻訳業。
著者メールアドレス　　kako118@syd.odn.ne.jp

イラスト	北島志織
	http://siorikitajima.com
ブック	佐伯通昭
デザイン	http://www.knickknack.jp
地図制作	ワーズアウト

協力　Sena Demirağ
　　　Kevser Uğurlu
　　　杉浦史
　　　山下千絵
　　　Erman Çıkan
　　　Sevgi Saloğlu
　　　Cihan Altuntaş (OL-HAN)
　　　冨田佳代
　　　堀亜希
　　　Yoko Saymaz
　　　Noriko Terada Peker
　　　Lisa Sakuragi
　　　有限会社アラトゥルカ

【編集部より読者の皆さんへ】
指さし会話帳シリーズは生きた言葉の収録を特徴としています。その中にはスラング的なものも含まれます。どんな言葉も、話す相手や会話の流れ、意図によって良くも悪くもなります。会話の際には、相手へのリスペクトを大事にしてください。

ここ以外のどこかへ！
旅の指さし会話帳 ⑱トルコ［第3版］

2001年	9月	4日	第一版第	1 刷
2005年	11月	21日	第一版第	10 刷
2006年	2月	2日	第二版第	1 刷
2019年	6月	3日	第二版第	14 刷
2025年	3月	27日	第三版第	1 刷

著者
磯部加代子

発行者
田村隆宗

発行所
株式会社ゆびさし
〒151-0053 東京都渋谷区代々木1-30-15
　　　　　天翔代々木ビル S607
電話 03-6324-1234
https://www.yubisashi.com/

印刷
モリモト印刷株式会社

©2006,2001,2025 Kayoko Isobe
ISBN978-4-7958-5403-1
落丁本、乱丁本はお取替えいたします。

※「旅の指さし会話帳」及び「YUBISASHI」は、
（株）ゆびさしの登録商標です。
※「YUBISASHI」は国際商標登録済みです。